この自分で、どう生きるか。

不登校の自分×大人の自分

南雲明彦 著

はじめに　14歳と17歳

17歳とは、どんな時期なのだろう。まだ大人ではないし、子どもとも言い切れない。14歳とは、どんな時期なのだろう。子どもと言えば子どもだけど、大人の振る舞いが所々で顔を見せる。

そもそも大人って、なんだろう。「自分は本当に大人なのだろうか」と、ふと考えることがある。もちろん、社会で生きる存在としては大人だけど、大人になっても子どものようにはしゃぐ時もあるし、子どもの時のことをよく覚えている人もいる。「あのころは良かった」と言う人もいれば、「二度と戻りたくない」と言う人もいる。

子どもの時に苦労した人もいれば、大人になって苦労している人もいる。ずっと変わらずに苦労していない人もいれば、苦労し続けている人もいる。同じ人間でも、それぞれが違う性格や個性があるから、同じようなことにぶつかっても、反応はみんな違う。

17歳の秋、僕は不登校になった。ちょっとした病気や気分で学校を休むことはあっても、不登校と呼ばれるほど行けない日が多くなったのははじめてだった。

今でもそうだけど、この話をすると、大人は原因を探し出す。そして、次第に名前で語られなくなり、「不登校の子」として、一つの事例として扱い出す。それは、どこか無神経な気もする。一人の人生は、簡単にはまとめられない。だから、すぐに「わかるよ」と言う大人を信じない。「そんな簡単に、わかってたまるか」と。

14歳と17歳と言えば、一般的にはこれからの進む道を決める時期だ。どんな学校に進むのか、どんな仕事をしたいのか、自分だけではなく、家族や学校の先生と話し合うことも増えてくる。

まわりの人たちの進路がどんどん決まってくれば、焦りもする。自分の現実を思い知らされて、落ち込むこともある。子どもなのか大人なのかわからず、その間でもがくこともある。弱い存在だし、強い存在でもある。

14歳の時のことは、実はあまり覚えていない。しかし、たまに会う同級生たちと話をしていると当時のことが蘇ってくる。覚えていないつもりでも、心の奥にはまだ残っているみたいだ。同級生のことは覚えていることが多いけど、自分のことは忘れている。それでももちろん、その時間が今の自分をつくっているのは間違いない。

今でも、胸に引っかかっているのは、17歳の時のことだ。大人になっても、この時期のことはよく考える。

「過去のことをそんなに考えてどうするの?」と言う大人もいたけど、腑に落ちないことは腑に落ちない。過去に対しての考え方は、人それぞれ。

そんなことから、子どもでも大人でもない時期を生きる子どもたちに、「ことばを届けたい」と強く思うようになった。しかし、いざ取りかかってみると、どうしても一方通行の話になってしまう。「こんな内容では、当時の自分は読まない……」。毛嫌いしていた大人に自分もなってしまっている気がした。

良かれと思ってしていることは、子どもにとって余計なお世話なこともある。大人になった自分は、当時の大人を責められない気持ちになった。不登校と言っても、当時の感じ方と、大人になってからの捉え方は変わった。なんで楽観的に考えられるようになったのかも、自分自身に問いたくなった。

一方通行の話ではなく、双方向の対話をしてみたくなった。だけど、対話の相手を知り合いである子どもにはしたくなかった。子どもたちと対話をするのは、ご飯を食べながら、お茶を飲みながら、文章に残らないところでしたい。そこで、17歳の自分と対話をしてみようと思った。

17歳の自分、未来（現在）の自分。当時の自分はなにを考え、未来の自分はどう答えるのか。17歳の自分と対話するプロセスが、子どもたちの力につながることを願って。

南雲 明彦

もくじ

はじめに……3

1 学　校

1 やさしい大人……10
2 小さなハガキ……16
3 群　れ……22
4 無駄な時間……28
5 絶対的な良さ……34
6 特　別……40
7 良い子……46

2 つながり

8 伝えたい人……54
9 共に生きる人たち……60
10 ありのままの人……66
11 周囲の人の目……72
12 親友と呼べる人……78
13 きょうだい……84
14 母……90

3 疑ってみよう

15 相　談……98
16 本当の自分……104
17 葛　藤……110
18 支　援……116
19 不揃い……122
20 居場所……128
21 生きづらさ……134
22 残された時間……140

4 考えてみよう

23 心の段差……148
24 自分を変えたくない？……154
25 ことば……160
26 笑　顔……166
27 何者か……172
28 焦って、急いで……178
29 職　業……184
30 決　断……190
あとがき……196

誰にでも、
絶対的な良さがある、
簡単に曲げては
いけない。

子どもは、
みんな
良い子で、
みんな
問題児。

すべての
子どもは、
特別な人。

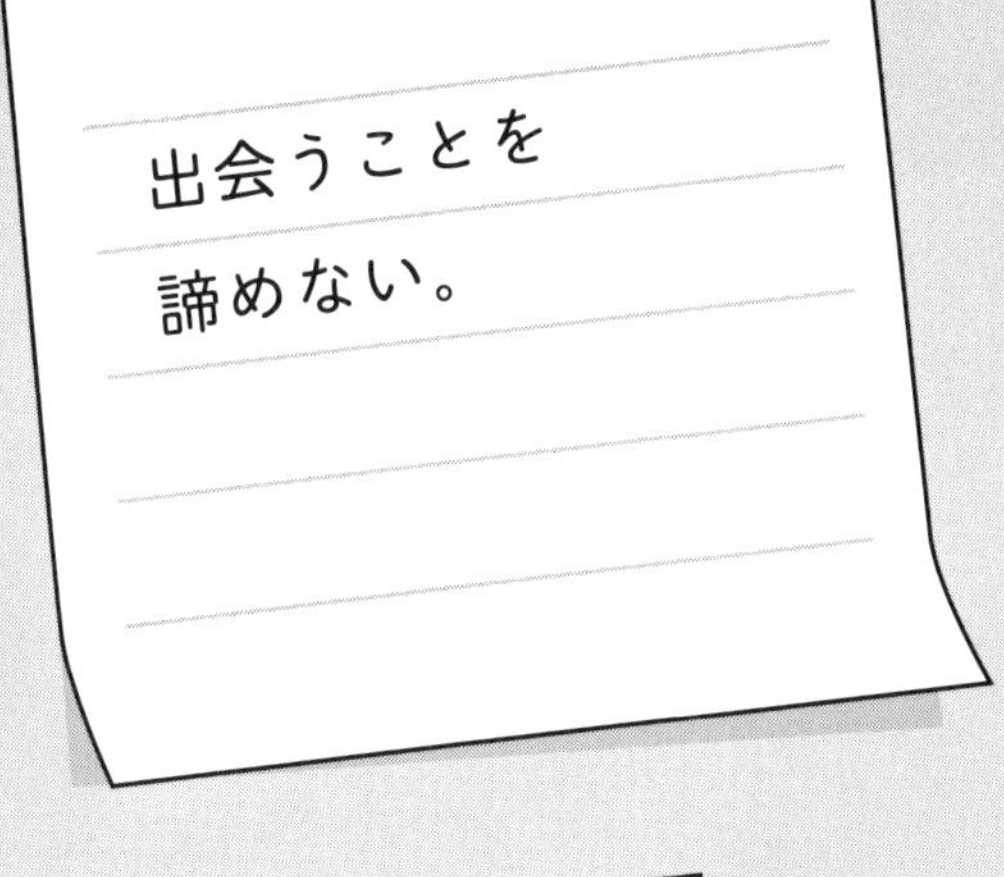

1 学校

自分を
受け止めてくれる
大人は、
近くにいる。

群れから
はぐれても、
人生は終わらない。

無駄な時間は、
未来の自分に
活きてくる。

1　やさしい大人

普通じゃない

学校に行けなくなったのは、高校二年の夏休みが明けてからでした。この時期、将来のことを少しずつ考える必要がありました。

学校に行こうとすると胸が苦しくなって、目が回り、通学の電車に乗れないことが増えてきました。原因を知りたくて、病院に行きました。はじめの病院では、「起立性調節障害」と言われました。その先生は感じが良く、いつも笑顔で迎えてくれました（大人になって、その病院の前を通ったら、すっかりおじいちゃんになった先生がカメラを手に写真を撮っていました。春でしたから、桜の写真を撮っておきたかったのかもしれません）。

その後、いろいろな病院に行き、いろいろな名前がついてしまいました。どれが本当の名前なのかさっぱりわかりませんでした。そのうち、自分そのものがわからなくなりました。治すために名前が必要なのに、その名前に振り回されていました。

それまでは、ただの十七歳で、「普通の高校生」でした。しかし、「普通」と思っていたのは自分だけで、まわりはそう思っていなかったかもしれません。

そもそも「普通の高校生」って、どんな人なのだろう。長所や短所が目立たない人のことを言うのだろうか。どこにでもいそうな人のことを言うのだろうか。反対に、「普通じゃない高校生」って、どんな人なのだろうか。

高校生というのは、大人なのか、子どもなのか、はっきりしない時期です。なにも考えずに大人に偉そうなことを言うぶっきらぼうさを持っていたり、子どもらしさを演じたりする器用さも持っています。人を好きになったり、好きになられたりすることもあります。

自分は、不登校になる前は学校に来ていない子たちのことを、「普通じゃない」と思っていました。スキーやスノーボードが盛んな地域で育ったので、オリンピック選手と一緒に練習するような子たちも、「普通じゃない」と思っていました。

「普通ってなにっ？」て、悩んじゃう。　17歳

17歳　悩むことは、悪いことじゃないの？

未来　悩んでいいんだよ。人と比べて悩むのもいいし、違いを見つけて悩むのもいい。前に進もうともがくから、悩みは生まれる。この、「もがく」ということが大事なんだ。大いに悩んだらいい。でも、一人でずっと悩んでいると、自分の存在を消したくなる衝動に駆られることもあるから、気をつけないといけない。

17歳　まさに、今がそんな感じだけどね……。

未来　人に話しても無駄だと思っているでしょ？

17歳　無駄だよ、無駄。「考えすぎだよ」と言われるのがオチ。

未来　どうして、そんなに人を信じられなくなったんだろうね。

17歳　友だちには言えない。みんな忙しいのはわかっているから、負担を増やすわけにはいかない。そうなると、精神科の先生とか、カウンセラーみたいな人に話すことになったけど、そんな問いに本当に向き合ってくれる人は一人もいなかった。

未来　大人不信？

17歳　うん。大人不信。

未来　しっかりと向き合うには時間と覚悟が必要。そういう大人は多くないかもしれないね。

17歳　そうすると、ネットの掲示板みたいなところのほうがイイのかな？

未来　否定しないけど、相手の顔が見えないだけに、無責任に好き放題言い合えてしまう。自分を傷つけることにつながる可能性があるから、注意は必要だよ。

17歳　じゃあ、誰に話をすればいいのか……。

未来　人には、タイミングってものがある。思いがけずに話ができる人と出会うことがあるんだ。これは計画してできるものじゃないけど、出会うことを諦めてしまったら、出会うこともなくなる。ずっと家にこもっていたら、出会う機会はほとんどないけど、ネットで知り合った人とかに無理して話しても、関係は続かない。未来のことはわからないし不安だと思うけど、今のままでは人生は終わらない。それは、君が出会うことを諦めなかったからなんだ。それは大人を信頼した過去があったから、そうじゃない大人と出会っても、その可能性を捨てずにいられたんだよ。

やさしくされるのって……

不登校になると、悪いことをしているような目で見られることがあります。ほとんどの大人は、その悪い部分を正そうとします。それは、ある人にとっては必要で、ある人にとっては必要ないことです。子どもはそんな大人の気持ちがわかるから、必死で良くなろうとします。

でも、「学校に行かなくなったら、やさしくされる」のは、なんだか変ですね。いつもやさしくしてくれる人ならそんなことは思わないけど、不登校になったら急にいろいろな大人がやさしく話しかけてくるようになりました。学校に行けないことは、「かわいそうだ」と思ってくれたのかもしれません。だけど、すごく余計なお世話だと感じました。だから、急にやさしくなる人には気をつけていました。

「自分も元気になったのだから、あなたも元気になるよ」と励ましてくれるのはありがたいけど、元気じゃないと決めつけられるのも困ります。たとえ不登校を経験した人でも、人は一人ひとり違うから、すべての気持ちはなかなかわかりません。学校に行く道を同じように歩いていても、覚えている景色は一人ひとり違うのだから。

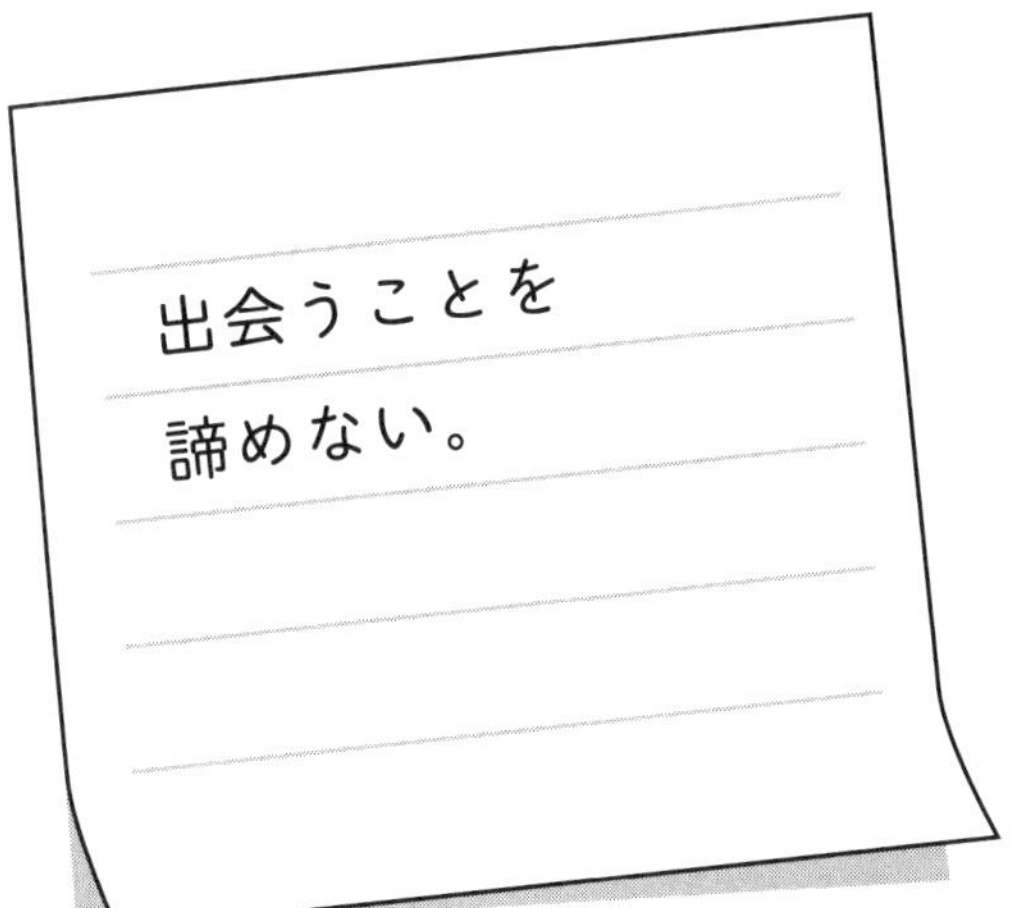
出会うことを
諦めない。

2 小さなハガキ

学校の先生

たまたま同じ地域に生まれて、同じ時代を生きることになった人たちが出会う場所が、学校です。

高校二年の時、病院へ通っていた時期がありました。その中に精神科はありました。病院の帰り道に、中学二年の時の担任の先生にばったり会いました。部活の顧問でもありました。もしかしたら、家族より長い時間を一緒に過ごしたかもしれません。先生は、ちょうど子どもが生まれたばかりで、ベビーカーを押していました。

あれから二十年くらいたつので、その赤ちゃんは成人式を迎えるころかもしれません。

その時は、自分の状態をうまく話せなかった気がします。余計な心配をかけたくなかったのです。

今まで、いろいろな学校の先生と出会ってきました。小学校は、担任の先生一人と一緒にいる時間が長いけど、中学生になると急に接する先生の人数が増えます。

すべての先生（大人）と、相性がいいということはまずありません。好きな先生もいるし、嫌いな先生もいます。自分がどんな人が好きで、どんな人が嫌いなのかをよく知ることができます。

ちなみに、勉強ができる子ばかりにやさしくする先生は嫌いでした。子どもによって態度を変える大人は信用できませんでした。弱い立場の人たちに偉そうにするのは、大人同士でも同じです。

病院の帰り道に会った先生は好きでした。話し合う時間をよくつくってくれました。納得できないことがあると、先生によくかみついていました。本当に歯でかみつくわけではなく、納得できないことは納得できないと伝えていました。先生も人間だから、面倒くさいと思うこともたくさんあったと思います。でも、とてもていねいに接してくれました。

未来　自分のことなんて好きにならなくてもいいけど、嫌いにもならなくていい。それよりも、誰かを好きになることのほうが大事なんだ。

17歳　恋愛をするってこと？

未来　恋愛に限らず、家族でもいいし、友だちでもいい。自分のことを大事にするのは、好きな人を大事にすることから始まるんだ。

17歳　自分のことを大事にしてくれる人を探せばいいの？

未来　いや、そういうことではないんだ。自分のことを大事にしてくれる人から探し始めたら、その人が自分のことを好きじゃなくなったら、その関係は終わりでしょ。それは自分に都合が良すぎる。それは自分のことを大事にする行為じゃなくて、自分勝手な行為。そんなことで周囲を巻き込むのは失礼。でも、経験からはじめて学ぶこともあるから、全部を否定する必要はない。

17歳　今は自分には余裕がなくて、そういう人を探している気がする。

未来　それで人を傷つけることもあるけど、生きていれば、必ず誰かを傷つけてしまう。それは避けられないんだけど、一番大切なことは、そこからしっかりと学んでいくこと。同じようなことにならないようにしていくことなんだ。

17歳　でも、やっぱり人を傷つけたくはない。

未来　人の顔色をうかがってばかりでもつらいものだよ。

17歳　誰かが傷つくくらいなら、自分が傷ついたほうがマシ。

未来　そう考え続けていると、余裕がなくなってしまって、誰かを傷つけたことはない？

17歳　……。

未来　その心がけは大切なんだけどね。相手も自分のために気ばかり使われたら、居心地はあまり良くないものなんだ。

17歳　そのさじ加減が、難しい……。

未来　それを学ぶのが、十代という時間なんだ。

日日是好日

病院の帰りに先生と偶然ばったり会ってから、先生から毎年実家に年賀状が届くようになりました。国語の先生でしたから、字が上手な人でした。

でも、自分が返事を出せたのは年賀状をもらって十年後くらいのことです。それまでは、胸を張って今の自分のことを報告できないと思っていました。報告できることが増えてきて、やっと年賀状を送ることができました。〈「日日是好日」でがんばります〉と書きました。「日日是好日」は、先生が出していた学級通信の名前でした。

今も年賀状のやり取りは続いています。今担任しているクラスの生徒にも出しているだろうし、同じように年賀状交換をしている卒業生も多くいるだろうし、そろそろ遠慮したほうがいいのか迷っています。

先生にとっては、数多く接している子どもの中の一人でしかありません。でも、未熟な子どもという時代に接する大人によって、未来に希望が持てるようになります。一年に一回届く小さなハガキが、人の心を温めてくれることもあります。とてもやさしくて、深くて、重みのあるハガキ。この一手間が、人を生かし、育ててくれることを教わりました。

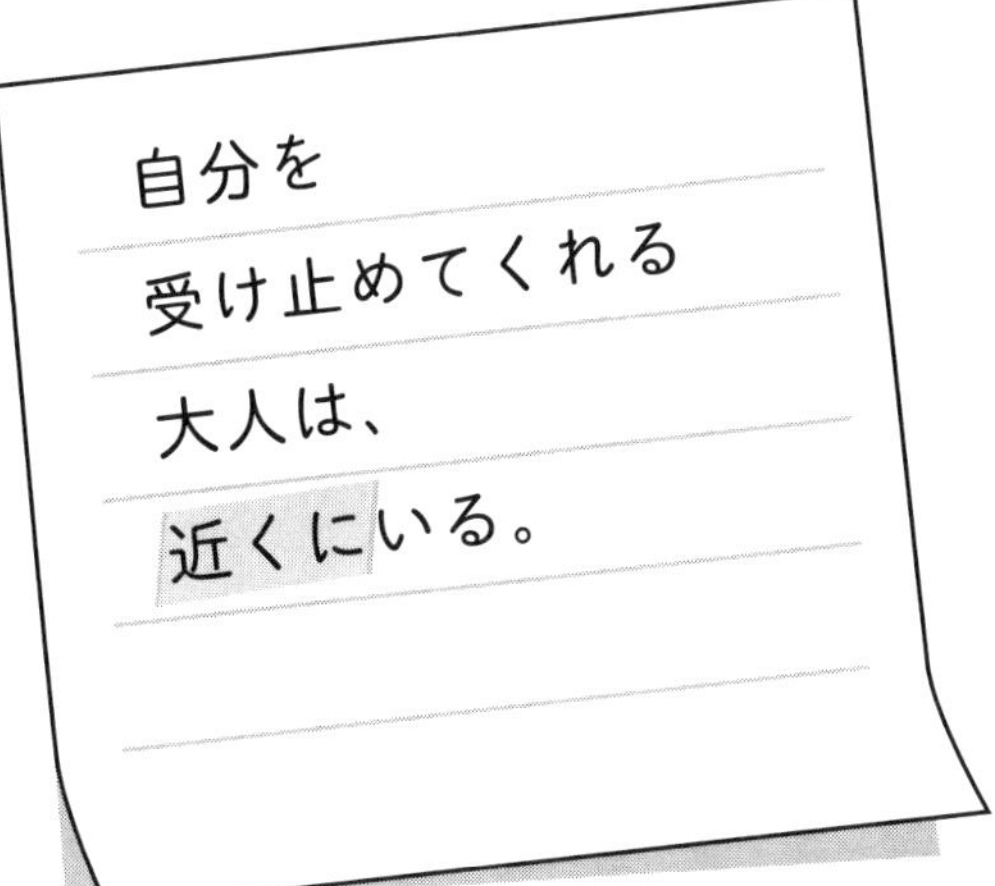
自分を
受け止めてくれる
大人は、
近くにいる。

3 群れ

保健室

学校が持つ、独特の空気になかなか馴染めませんでした。友だちや先生と過ごす時間はとても好きでした。学校を卒業すると、多くの人たちとは会わなくなります。覚えている人たちも少なくなります。でも、一緒に過ごした時間が未来の自分を育ててくれることもあります。特に理由がなくても、笑ったり泣いたりすることを許されるのが学校という場所です。大人になるまでの大切な時間です。

不登校になってから、何回か担任の先生が家庭訪問をしてくれました。自分は話すことができなかったけど、とても心配してくれていました。「放っておいてくれ」と思っていても、心配してくれる大人をどこかで待っていたのかもしれません。わがままですね。

出席日数が足りないと進級できないので、みんなと時間を少しずらして学校に行っていました。心が安定していない時には、よく保健室に行っていました。

それまで、保健室に行くことはほとんどありませんでした。保健室には、いろいろな子どもがいます。お腹が痛かったり、けがをした人が来ていました。友だちからは「どうしたの？」と聞かれました。お腹が痛いとかけがをしたなら、そのことを伝えればいいのですが、心のことはうまく伝えることができませんでした。

「体調が悪いんだよ」という表現しかできませんでした。「体調が悪い」と言うと、ほとんどの人は、「頭が痛い」とか「熱がある」などを想像します。うそではないけれど、なんだか少し後ろめたい気持ちもありました。それに、話してみたところでしっかりと伝わるかわからなかったので、あまり多くのことは話しませんでした。心のことは想像しづらいから、友だちは気になってしょうがないみたいでした。

そんなことが続いて、保健室に行けなくなりました。今思うと、保健室に行けなくなるほどの悩みではありません。

未来　保健室の居心地は良かった？

17歳　居心地がいいとは言いきれなかったけど、教室とは違う空気が流れていたよね。

未来　保健室から、テニスコートが見えたよね？

17歳　そうそう。だから保健室の先生は、自分のことをよく見ていたみたい。

未来　「いつも楽しそうにがんばっているね」と声をかけてもらったこともあったね。

17歳　自分のことを、陰で見てくれている人がいるというだけでうれしかった。

未来　なにより、楽しそうにしている姿が印象的だったみたい。

17歳　それが、どんどん楽しくなくなっていった……。

未来　どんどん、自分が自分じゃなくなっていく気がした？

17歳　うん。本来の自分とは違ってきた。それは、とても怖いことだった。

未来　自分が消えていく感じだもんね。前の自分は、好きだった？

17歳　どちらとも言えないかな……そんなこと、考えたことがなかったから。

未来　小さなことでくよくよと悩んでしまう時期があったよね。

17歳　大人から、「そんなことで悩まなくても」と言われたことがある。

未来　言われたよね。でも、いいんだよ。とことん悩んで。そう言う大人だって、日々悩んでいる。

17歳　でも、やっぱり悩みはないほうがいい気がするよ。

未来　そうでもないんだ。苦しみの先に喜びがあることもあるんだよ。多すぎるのは困るけどね。

17歳　そうなのか。今まで、悩んでいる自分を責めていた。

未来　それは、悩みがないことがいいことだと勘違いしているからだよ。

17歳　勘違い？

未来　そう、勘違い。人と出会ったり、壁にぶつかったりすれば悩みは生まれる。行動するから悩みは生まれるんだ。だから、自分をあんまり責めてはいけない。

17歳　そっか。悩みが生まれるのは、自然なことなんだ。そうだよね、生きているんだもんね。

皇帝ペンギン

みなさんは、皇帝ペンギンを知っていますか？南極大陸で生活している体が大きくてきれいなペンギンです。激しい風や雪の中でもたくましく生きています。皇帝ペンギンは、群れで行動する動物です。はぐれて迷子になると生きていけません。そこに待っているのは、絶命です。死んじゃうのです。

学校に行けなくなったことで、人生はどうなってしまうのかと焦ってばかりいました。多くの人が通っている道から外れてしまったら、二度と戻れなくなる気がしていたのです。新しく転校した学校は、私服でした。制服は、見ただけでどの学校かわかります。前の学校の友だちと会うと、それまでは感じなかったけど、同じ服を着た人が大勢いると他の服を着ている人は目立つのです。学校が違うと共通の話題もなくなり、話も合わなくなっていきました。さみしさを感じました。

皇帝ペンギンと同じように、みんなからはぐれてしまうと、「自分の人生も終わってしまうのではないか」と思っていました。だけど、人生は終わりませんでした。そこから、新しい人生が始まりました。

群れから

はぐれても、

人生は終わらない。

4 無駄な時間

「不登校の子」

不登校になった時に、「〇〇不登校の会」というわかりやすい名前の集まりに誘われたことがありました。一度行ってから、二度と行きませんでした。このような場所を必要としている人もいます。必要ないということではありません。でも、自分には合いませんでした。そういう人もいます。

同じような道を歩いている人たちだけで集まって、「つらかったね」「悲しかったね」と言い合うことが好きではありませんでした。そういう会ばかりではないけど、自分が参加した会はそういう集まりでした。不登校の子どもたちは、「心に傷を負っている」と決めつけられるのもイヤでした。

ことば使いもなんだか保育園児に話しかけるようにやさしいのです。不登校になったというだけで、あまりにやさしすぎることば使いに違和感がありました。不登校になる前は、そんなことばを使う人は誰もいませんでした（偉そうにしている大人はいましたが）。そんな大人は、信用できませんでした。

学校という場から離れると、怖い面もあるけど、ラクな面もありました。学校に行けば、指示や命令のオンパレード。時間に追われて一日が終わります。目の前のことに追われて、自分はどんな人間なのかも考える暇などありませんでした。

学校に行けない時間が続くと、自分と向き合う時間ができます。「なぜ学校に行くんだろう？」「どうして学校に行けないことで悩む必要があるんだろう？」「そもそも学校って、どんな場所？」と、答えはすぐに出ないことを延々と考えていました。

そんな時、自分の家の前をよく高校生が歩いていました。内容までは聞こえなかったけど、とても楽しそうに見えました。

なんだか、妙にうらやましかったことを覚えています。

未来　同じ「不登校」でくくられてしまうね。

17歳　学校に「行けない」と「行かない」には大きな違いがあるのに。そういう疑問をぶつけてみたところで、ちゃんと答えてくれる大人はいないし。

未来　「不登校の子の話」として片付けられるね。不登校だけでなく、ラベルがあると、それだけしか見えなくなる人は多いんだよ、残念ながら。

17歳　だから、話しても無駄だと思うようになった。

未来　たとえば？

17歳　自分は、すべてのことに対してやり切ったという気持ちになれないんだよね……中途半端なんだ。

未来　振り返ることは、たくさんしてもいいんだよ。

17歳　前だけを見ることがすべてじゃないの?、後ろを振り向いている間に、気づいたらまわりに誰もいなくなっている気がして。

未来　振り返って、「今度はこうしよう」と学んでいく。そこから新しい発想が生まれる。

17歳　うん。ひとくくりにされるのがイヤだった。

対

17歳　「こうすれば良かったのかもしれない」と何回か大人に話したことはあるけど、あまりピンときていない様子だった。「後悔」と「振り返る」の違いがいまいちよくわからない。「そんなことを考える暇があったら、勉強しろ」とか、簡単に受け流されることが多かった。自分にとっては「そんなこと」ではないんだよね。

未来　そうだよね。大人ってほんとうに勝手だと思う。確かに大人からすれば、「なんでそんな小さなことで悩んでいるのだろう」と、悪気なく疑問に思うのかもしれない。子どもの気持ちといっても、一人ひとり違うから、ひとくくりにはできないんだけどね。でも、理解しようと努力することはできる。でもね、そんな大人だって忘れているだけで、十代という不安定な時期を生きてきたはずなんだ。青春はいつでもできるけど、十代のうちにそういう時間を使い切ることが大切だよ。

17歳　青春をしなければいけないのかな?、みんながみんな青春を必要としているわけではないから、押しつけるのはどうかと思うよ。

未来　そうだね。青春というより、楽しいことも苦しいこともやり切ることが大事だと思う。

「不登校の子」もいろいろ

大人と子どもの間には埋められない壁があります。大人と子どもの時間の感覚は、あきらかに違います。大人になると、子どもだった時のことを日々の生活に追われて忘れてしまいます。大人になると、背負う荷物が増えてきます。責任が生まれてきます。子どものころを思い出している余裕がなくなります。

大人は、子どものことを知りたいし、理解したいし、助けたいと思い、不登校の集まりなどを紹介してくれます。しかしそれが、目の前にいる子にとって的外れな時もあります。

学校に「行けない」と「行かない」には、大きな違いがあります。「行けない」というのは行きたいと思っていても行けない状態です。「行かない」は、行きたくないから行かないのです。しかし、学校に通っていない時にもできることはあります。学校の勉強とはすぐに結びつかないことは多いけど、未来の自分にはちゃんとつながっていきます。無駄な時間だと思っていたことが、未来の自分に活きてきます。

学校に行くことができなくても、できることは探せば必ずあります。学校に行きながらそれができたら、怖いものなしです。

無駄な時間は、
未来の自分に
活きてくる。

5 絶対的な良さ

自由と不自由

学校に通っている時は、学校に行くのが当たり前のことでした。あまり深く考えないで通っていました。よほどの事情がなければ、通わなければいけない場所でした。だから、不登校の子はわがままだとずっと思っていました。道で会っても具合が悪そうではないし、サボりだと感じていました。いざ自分が不登校になってみると、そんなふうに思っていた自分が恥ずかしくなりました。経験して、はじめて惨めな気持ちを知りました。

学校というのは時間割を先生がつくってくれるし、自由があまりないけど、不自由さがあるから自由を得ることができると考えることもできます。管理されている中にも、自由が入る余地は確かにあるのです。文房具選びなどはそうですね。生きるというのは、もともと不自由なものです。その中で、自分なりに自由を探していくのが人生です。それに自由すぎると、なにをしていいのかわからなくなるし、困ることもあります。

不登校になると、自由な時間がたくさんあります。学校のように先生が近くにいるわけではないし、友だちもいません。誰からもなにも言われないのは気楽ではあるけど、自由が多い分、自分で決めなければいけないことも多くあります。すべて自分で考えて行動するのはとても大変だし、面倒なのです。

生活リズムを崩すことなく、自分で自分を成長させていける人もいるけど、自分にはなかなかうまくできませんでした。時間割を決めることにも一苦労。心の調子は日々浮き沈みが激しい。どのようなペースで勉強を進めていけばいいのかもわからない。

家にいれば誘惑だらけ。ちょっと勉強して、ゴロゴロしてしまうこともありました。なかなか予定通りに動けないのです。自分のペースを守るって、難しいことを知りました。

それでも、子どものすべてが学校にあるのかと言えば、そうは思いません。学校に行っていなくても「当たり前」に縛られることなく、独自の世界を切り開いた人もいます。

17歳　家にこもっていると、自分は子どものままで大人になれないんじゃないのかなと思う。

未来　経験が少ないというのは、やっぱり焦るよね。経験はもちろん大事なんだけど、経験が少なくても、ひとつの出来事から多くを学ぶことができれば、それは価値のあるものになって、自分の中に残っていくよ。

17歳　でも、経験もあって多く学んでいる人がいるじゃない？　そういう人には、どんなにがんばっても追いつけないじゃん。

未来　追いつけないって、そもそも誰と闘っているの？

17歳　うーん、誰ということでもないけど、あえて言うなら同級生たちかな。

未来　追いつきたかったというより、置いていかれたくなかったね。

17歳　うん、置いていかれるのは怖いんだ。

未来　でもね、追いついても、上には上がいることを知ることになる。人に追いつくことばかり考えている人生は、味気ないものになっちゃうよ。

17歳　それでも追いつきたい。

未来　頑固だなぁ。そこは僕らの良さでもあるけど、玉に瑕（きず）だよね。

17歳　未来の僕は、今でも追いつきたいと思っているの？

未来　それぞれが自分の人生を歩んでいて、共通点より違うもののほうが増えていっているから、比べようがないかな。

17歳　そっか。同じものがあるから、比べてしまうのか。違いを見つけられれば、誰かと比べることもなくなるかな？

未来　そうだね。でもそれがまた、そう簡単でもなかったなあ。自分は、違いを見つければ見つけるほど、自分がいかに特徴がない存在なのかがわかってしまって、そこで、虚無感のようなものが出てきたかな。そして、自分の存在とは一体なんなのかを、自分自身に問うようになっていった。実は、答えは大人になった今でもまだ出ていないよ。

17歳　大人になったからって、すべての景色がクリアに見えてくるわけじゃないんだ。

未来　そう。子どもも大人も不完全。人間って、不完全に生きていくものなんだと思うよ。だからこそ、他者が必要なんだ。

真っすぐなその人

はじめてその人に会ったのは、その人が十七歳くらいのころだったと思います。ぎこちない表情でくちびるが少し震えていました。顔色もあまり良くありませんでした。ずっと読書をしていて、いろいろな知識を持っていました。ギターを弾く器用さもありました。性格は真っすぐでした。その性格が絶対的な良さであり、学校という場所に合わないひとつの理由でもありました。今その人は、カーリング選手として世界を飛び回っています。

カーリング選手になったのは、本当にたまたまでした。同じ名字の人が活躍していたので、カーリング体験に参加したことがきっかけになりました。家で読書が中心の生活を送っていた人が、仲間と一緒にカーリング場に通うようになりました。外の世界へどんどん出て行くようになりました。

そこに集まる人たちは、いろいろな仕事をしている人ばかりでした。今まで知らなかった仕事をしている人たちもいました。学校という枠でしか考えられなかったことが、知らない世界を知ったことで、自分という枠も外せるようになりました。元々の良さである真っすぐな性格はそのまま残りました。小さなきっかけが、人生を決めることもあるのです。

誰にでも、
絶対的な良さがある、
簡単に曲げては
いけない。

6 特別

「普通の子」と「そうじゃない子」

「普通」ということばには、「他と比べて特に変わらない」という意味があります。他と比べてというのは、なにと比べているのでしょうか。学校で言えば同級生たちかもしれません。このことばは意識していると、会話の中にたくさん出てきます。ちなみに自分は「味はどう?」と聞かれて「普通だよ」と答えることがあります。すごくおいしいと感じているわけじゃないけど、まずいとも感じていない時にこういう答え方をします。

「普通」の対義語は、「希少」とか「奇抜」、「異常」とか「特別」などがあります。「希少」とか「特別」と聞くと、なんだか貴重な存在のような気がしますね。「奇抜」とか「異常」だと、あまり近寄りたくない感じ。

特別と言えば、「特別支援教育」と呼ばれているものがあります。小学校や中学校には、通常学級と特別支援学級があります。通常学級は、普通学級とも呼ばれています。「普通の子の学級」ではなく「通常の授業を行う学級」のことを言います。学校に通っている時、「四組」という学級がありました。今で言う支援学級です。障害のある子どもたちが通っていたようですが、あまり会わないから、どんな授業を行っているのか知りませんでした。

「通常」とか「普通」とか「特別」ということばたちがひとりで勝手に歩いて、「普通の子」、「特別な子」と、人間そのものが振り分けられているようで、あんまり使いたくないなって思うことがあります。本来の意味である、「通常の授業を行う学級」という意味が薄くなってしまっている気がします。

「普通の子」とか「そうじゃない子」と分けられてしまうのは、なんだかかわいそうです。障害があるからかわいそうなのではありません。元々はすべての子どもが、「特別」な人なのです。自分にとってはそうでなくても、誰かにとってはかけがえのない特別な人です。障害があるとかないとかは関係ないのです。

未来　ずっと「普通になりたい」って思っていたよね。
17歳　そうだね。「普通になりたい」と思っている。
未来　今でもね、「普通になりたい」って言う人と出会うことが多いんだ。自分は、特別な存在だと思っている？
17歳　いや全然。普通だと思うよ。
未来　自分では普通だと思っているけど、普通になりたいの？
17歳　確かに普通なのに普通を目指すって、なんだか変だね。
未来　自分のことを特別だと思っていて、「普通」を目指すのは自然な気がするけどね。
17歳　そこまで考えたことがなかった。じゃあ、普通ってなんだろう？
未来　なんだろうね。当たり障りないというか、目立たないということかな。
17歳　「普通になりたい」と思っていても、その普通がわかっていなければ、目指しようがないもんね。
未来　そうなんだ。でも、「普通になりたい」ってことばには、苦しみが混じっている。どんな表現であったとしても、それは受け止める必要があるんだと思う。

17歳　じゃあ、普通でもなく、特別でもなく、どんなふうに生きればいいんだろう。

未来　そのままでいいとは言わないよ。なにも努力しないと、失うものも少ないけど、得るものも少ない。それはやっぱりつまらないんじゃないのかな。

17歳　でも、そういうなにもしない生き方をしたい人っているんじゃない？

未来　いると思うよ。それを否定するつもりはないけど、努力することの喜びは感じたことあるはずだよ。

17歳　うん。運動会とかでみんなで努力して、なにかを一緒に成し遂げたらうれしかったからね。

心の距離

特別支援学級に通って、その子に合った教育を受ける子どもたちがいます。それをバカにする子がたまにいます。大人にもいます。もしかしたら、人をバカにする子は、誰かからバカにされているのかもしれません。もちろん、人をバカにする行動はカッコ悪いけど、好きでやっているわけではないのかもしれません。

同じ人間でもそれぞれ違うわけだから、嫌いなら嫌いでいいけど、やっぱりバカにはしたくないです。誰かをバカにしていると、誰かからバカにされるようにできているのです。みんなのことを好きになれたらいいけど、自分と性格が合わない子は必ずいます。でも、同じ人間だから、突き放すようなことはあんまりしたくないのです。

そこで大事になるのが、「心の距離」です。これ以上、自分の心に踏み込んでほしくないと思ったら、心の距離を少し離してみてください。たまに悪口を言ってもいいのです。大人も同じように悪口を言いながらなんとか生きているけど、それはその人の行動に対してで、その人そのものを否定するものであってはなりません。同じ人間ですから、自分を否定することと同じなのです。

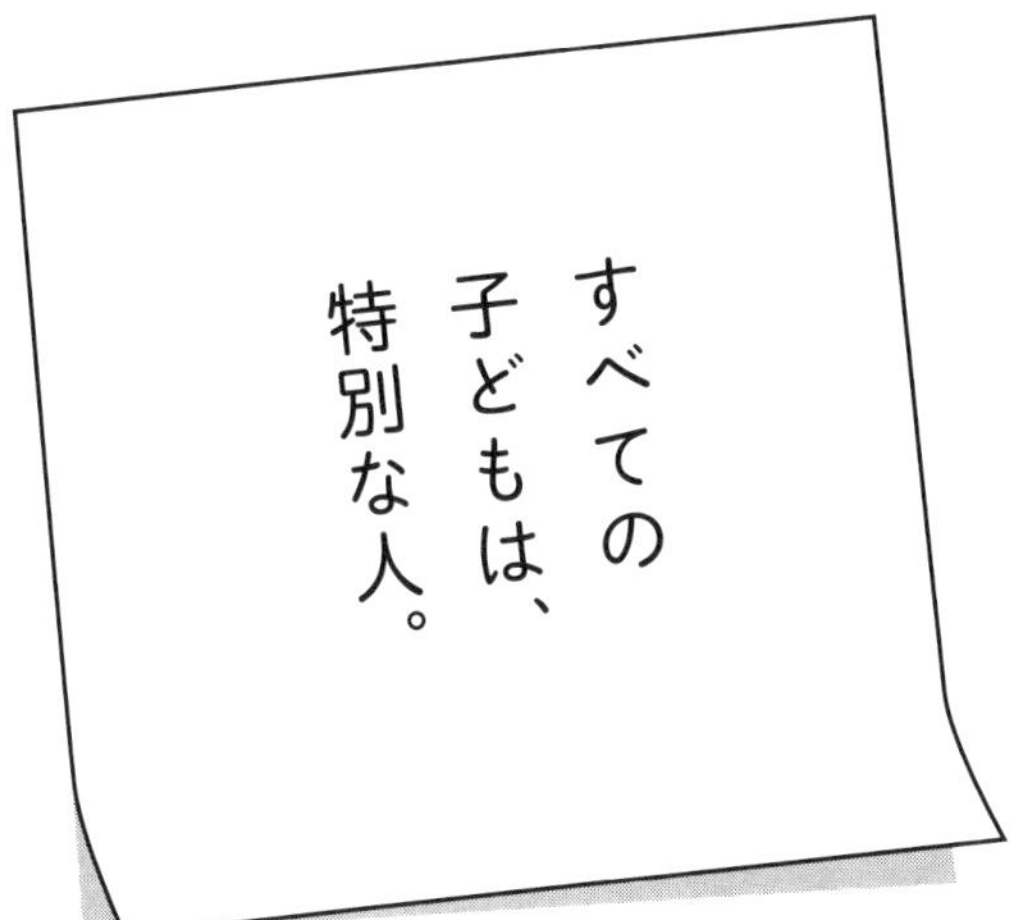
すべての
子どもは、
特別な人。

7 良い子

接し方

大人の言うことに対して、不満を言わず、従順に従う子は、「良い子」と呼ばれることがあります。

子どものころ、どちらかと言えば大人の言うことを文句を言わずに聞いていた気がします。聞かないと不機嫌になる人もいたし、説教を始める人もいたからです。あとのことを考えて、とても面倒に思っていました。でも、これでは大人の顔色ばかりをうかがう子になってしまいます。自分というものがなかなか育っていきません。

自分は、大人に気に入られようとしていたわけではありませんが、まわりからはそう見えていたかもしれません。しかし、大人からほめられても、「ありがとう」とは思っても、あまり喜びを感じてはいませんでした。

大人には、「お気に入りの子」がいます。学校の先生も同じです。子どもから見れば、それが誰だかすぐにわかります。たまにしか会わない大人だったらいいのですが、学校の先生となると話は別です。お互いの相性もあるので、良い子ばかりというわけでもありません。もちろん、先生も人間だから、好きな人とあまり好きではない人がいます。

でも、接し方に違いがありすぎて、違和感を感じることが自分にはたくさんありました。理解できない部分が多かった先生もいました。意味がわからないところでキレたり、長い説教をしてなにを言いたいのかわからなかったり、理不尽なことを聞かされるのがイヤでした。弱い立場への八つ当たりだと思っていました。

すべての子を平等に扱うのは難しいことですが、「こんなに接し方を変えなくてもいいのに……」と、納得できませんでした。理不尽に耐えることが、大人になる条件だとすれば、大人にはなりたくないとさえ思いました。生きていれば、イヤでも大人になってしまうんですけどね。

未来　中学と高校ではなにが違うの？

17歳　中学では、大人の正義が絶対的な基準だったから、矛盾を多く感じてた。

未来　矛盾というか、理不尽なことはあるよね。

17歳　もちろん、生徒が悪いこともあるけど、でも、「なんで怒られているんだろう？」というようなことは多い。部活でもそう。自分が悪かったとしても、人格を否定するような怒り方はあきらかにおかしい。おさまるまで待つしかない。でも、これって変だよね。

未来　おかしなことは、あるよね。

17歳　お気に入りの生徒がいると、その子ばかりやたらとかわいがる。先生も人間だし、好き嫌いがあるのはわかるけど、あからさますぎるのもどうかと思うけどね……。

未来　先生に限ったことじゃない。大人は悪気なく、かわいいと思う子をちやほやする。

17歳　それをわかっていて、あえて大人に媚びを売る子もいる。

未来　確かにいるね。どんな理由でしているのかはわからないけど、誰かにかまってほしい時期ってあるんだよ。今、君はそういう時期でしょ？

17歳　そうだね……。やっぱり自分だけでは満たせないものがあるんだと思う。

未来　本人は、大人を振り向かせることで満足したり、優越感を得たりしているのかもしれない。でも、心の底ではむなしさを感じていることもある。

17歳　それは、本人に言ったほうがいいの？

未来　本人にとっては、それが必要な時期なのかもしれない。信頼関係がしっかりできているなら伝えたほうがいいけど、本人が自然と気づいていくこともある。その時には、心に痛みを感じるかもしれないけどね。

17歳　気づくには、痛みが必要なの？

未来　「ここは危ない場所だから近づくな」と大人に言われても、行ってみたくなるでしょ。そこでケガをして、はじめて本当に危険な場所だと気づくことができる。もちろん、傷つくことを勧めているわけじゃない。できれば、大きな傷は負わないほうがいい。傷痕が残ったり、時々、傷口がうずいたりすることがあるからね。

17歳　そっか……気づくのは、人それぞれにタイミングがあるんだね。

良い先生とそうでもない先生

知り合いの中学生が、中学二年になったばかりのころのことです。新しい担任の先生がいきなり「ハズレを引きましたね」と子どもたちに言ったそうです。一カ月がたったころにその意味が少しずつわかってきました。

生徒とのトラブルや保護者とのトラブルが多いのです。子どものことをなんとかしたいという気持ちも感じられないし、保護者への誠実な対応もありませんでした。子どもや親は先生のことを「ハズレ」とか「アタリ」とか表現をしたくはないけれど、本人が「ハズレ」と言うのだから本当にその通りかもしれません。

不誠実な対応をくり返す先生は、子どもや親にとっては不安でしょうがありません。モンスターペアレントということばもあるけど、この先生は、モンスターティーチャーになってしまいました。

ほとんどの先生はそうではないけど、このようなひどい出会いを経験することは、子どもには不幸でしかありません。でも、そんな先生にもそうするしかない理由がなにかあったのかもしれません。先生といっても、同じ人間ですからね。

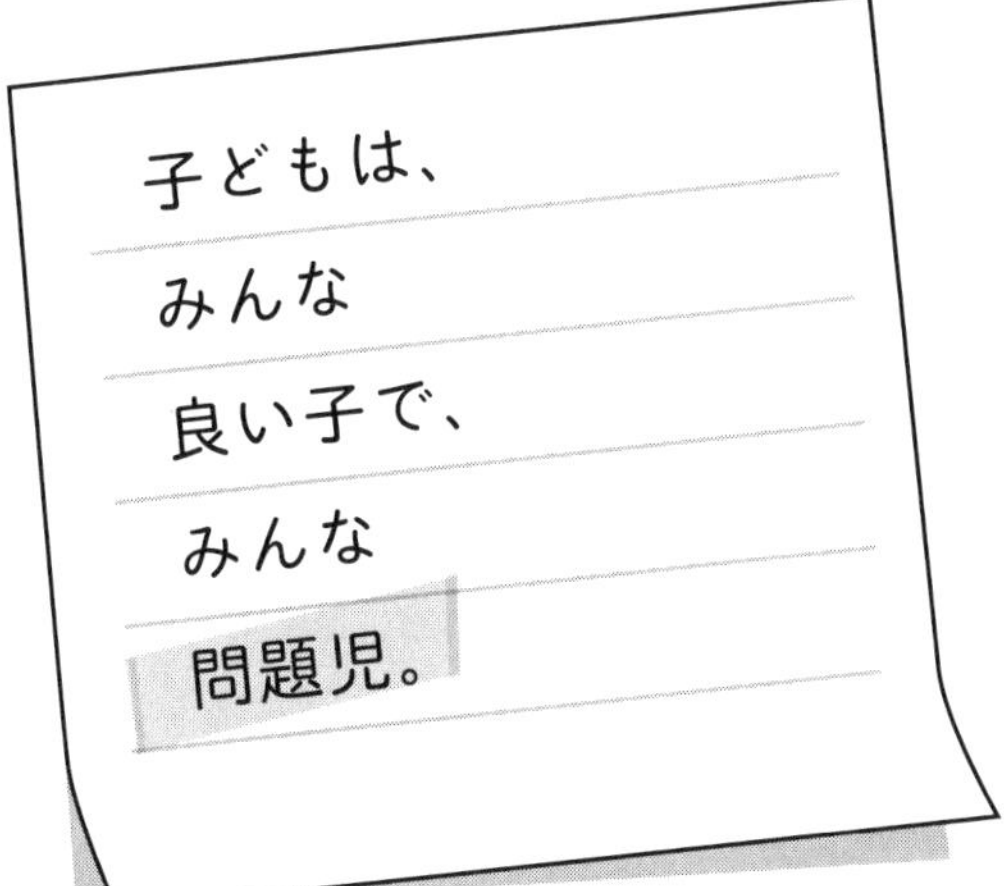
子どもは、
みんな
良い子で、
みんな
問題児。

逃げ回って
みることで、
見つかる
答えがある。

人に支えられ、
誰かを支えて、
生きていく。

親は、
ウザいくらいが
ちょうどいい。

共に生きる覚悟。

2 つながり

やさしい
まなざしには、
人を救う力がある。

20年後も生きている。

本人が
幸せなら、
それでいい。

8　伝えたい人

出会い

人との出会いは不思議なものです。人生を根底から変えてしまう力を持っています。

十八歳の時に出会った浜垣さんという女性がいました。その時の自分はうつろな表情をしていて、希望を失っているような状況で、精神科病院に入院する準備をしていました。自分が映った鏡を見ると、生きる力がないひからびた人間に見えました。そんな時にたまたま知り合いを通じて、カウンセラーをしている浜垣さんと会うことになりました。

心の調子が不安定になってから、いろいろな医者やカウンセラーと会いましたが、どうもしっくりきませんでした。人間を人間として見ることを忘れているように感じる人がほとんどでした。しかし、浜垣さんは会ってすぐに今まで会った人たちとは違うことがわかりました。なにが違っていたのかはうまく説明することはできないけど、「この人のアドバイスは信頼しても大丈夫、この人に自分の人生を預けても大丈夫」だと思いました。人間としての温かさややさしさを持っている人でした。

浜垣さんは東京にいたので、近くに住むことにしました。ここで大きな決断をしないと、一生このままで人生を終えるような気がしました。入院予定だった精神科病院には行かないことにしました。何度か精神科病院へ入院したことがあるけど、いい思い出がありません。病気で入院するところだから、いい思い出がある人は少ないかもしれませんが。

浜垣さんはもうカウンセラーはしていないので、今は知り合いという立場だけど、なにかある度に報告をしたくなる人です。なるべく良い報告をしたいと思っています。「自分と同じような思いを子どもたちにはさせたくない」というのはうそじゃないけど、子どもたちの力になることで、「浜垣さんも喜ぶから」がんばっています。

報告したい人がいるのは、とても幸せなことです。どんな結果になったとしても、「こんなことがありました」と伝えられる人がいるだけで、心細さは消えてしまいます。

未来　精神科へは、薬だけもらいに行っていた感じだったね。

17歳　入院中に他の患者さんがもらっている薬の量を見て、ゾッとした。

未来　人に頼らない分、薬に頼っていた。今はなんともないけどね。

17歳　どうしてそうなれたの？

未来　十八歳の時に出会った人の存在が大きかったかな。

17歳　もうすぐだ。

未来　そうだね。だけど、この時期は大変でもあった。自分も親も本当に大変だった。三校目の通信制高校のサポート校が東京にあったんだ。学校の近くにアパートを借りて、一人暮らしを始めたけど精神状態が悪化して、挫折して地元に戻った。挫折ばかりの日々だった。自暴自棄が続いていて、人を信用できなくなっていた。でも、その人は違った。心の底から自分のことを心配してくれた。信用できる大人との出会いが、自分を変えるきっかけになることを知った。もちろん、自分を変えることができるのは、自分でしかないんだけどね。

17歳　生きる力が湧いてきた？

未来　今まで真っ暗だった道に光が灯された。だけど、それからが本当の試練だった。いくら信用できるとはいえ、人に頼ることは勇気が必要。泣いたり叫んだりしても伝わらない。自分がどんなことに困っていて、どうしてもらいたいのかを伝えないといけない。簡単そうだけど、難しいことだった。でも、その人のまなざしはいつもやさしかった。やさしいまなざしは、人を救う力があると感じた。

17歳　そのカウンセラーの人とは、今でもつながりがあるの？

未来　あるよ。でも、最近はあまり連絡を取っていない。自分にとっては格別な存在だからね。連絡をしないのは元気な証拠。なにかを成し遂げたら報告するようにしている。その人は、自分になにかしてもらうより、社会で役に立つ人になってほしいという思いが強いんだ。

17歳　これから出会うのが楽しみ。

未来　もうすぐ会えるよ。

伝える工夫

親は、自分を支えてくれる大きな存在だけど、自分のことをよく知っているだけに、先回りをしてお世話をしてしまうところがあります。失敗をしないようにと守ってしまうところがあります。時に、成長を止めてしまうことがあります。

他の人とかかわることで育つものは多くあります。親にはなにも言わなくても伝わることが、他人にはほとんど伝わりません。泣き叫んでも、ものを投げても、なかなか伝わりません。だからこそことばにして伝える力を身につけておく必要があります。伝えたいと思う相手に、伝わるように努力する必要があります。

これを面倒くさがってしまうと、いつまでたっても伝わりません。伝わらないことが続くと、「自分のことをわかってくれない」と、他人を責めたい気持ちになります。責めたり文句を言ったりするのはとても簡単です。だけど、人はどんどん離れていきます。自分だけでは、伝える力はなかなか身につきません。伝えたいと思う人がいるから、伝える工夫は積み重なっていくのです。伝えたい人がいるだけで、自然に身についていく力です。伝わってほしい大切な人に、自分の思いが伝わらないのは、とても悲しいことだから。

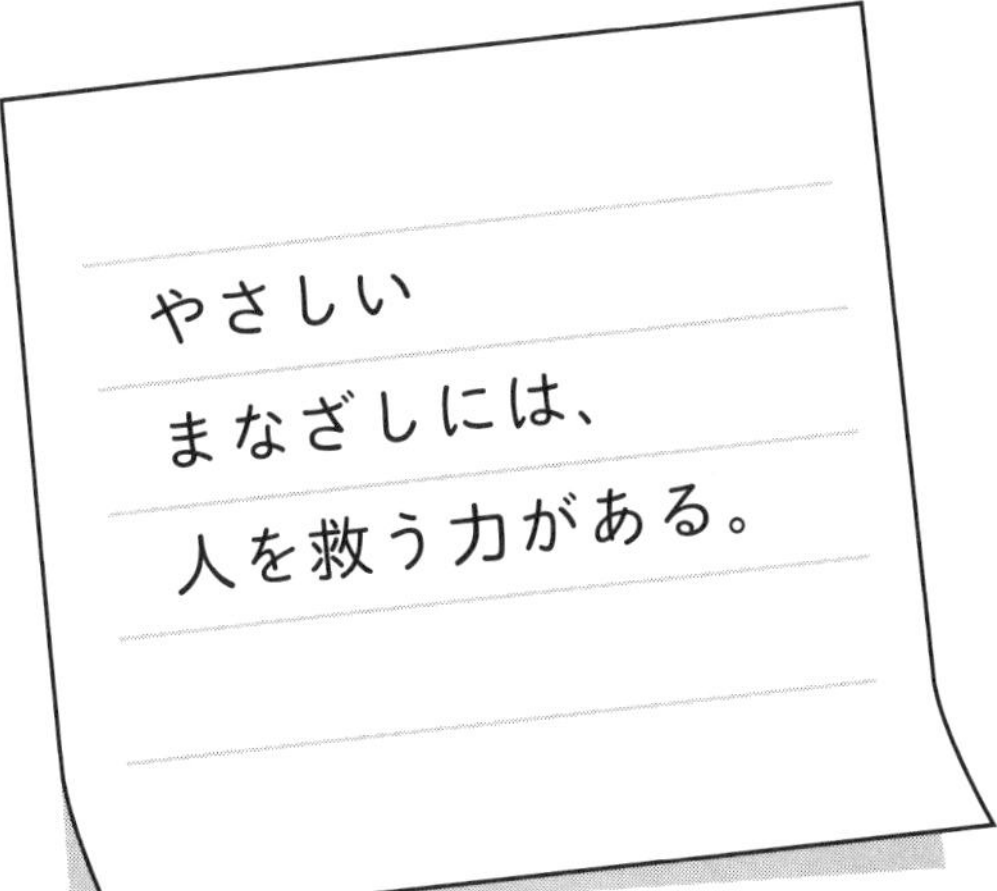
やさしい
まなざしには、
人を救う力がある。

9　共に生きる人たち

命のバトン

　自分の命を自分で絶つというのは、許されないことだと思います。でも、そうするしかないくらい苦しい人がいることはわかります。亡くなってからの世界はわからないけど、幸せになっていることを願います。

　自分の叔父さんは、約三十年前に自ら命を絶ちました。自分が二歳になる少し前の出来事でした。いとこは、四歳の誕生日を迎えてすぐのころでした。叔父さんは東京に単身赴任していて、国鉄（現在のＪＲ）に勤めていました。国鉄が分割民営化される半年前でした。叔父さんは、悩んでいたことを家族の誰にも告げていませんでした。離れて暮らしているから、余計な心配をかけたくなかったのかもしれません。

叔父さんが最期の場所に選んだのは、山手線の秋葉原駅のホームでした。どんな思いだったんだろう……死を選ぶ瞬間は、自分以外の何者かに押される感覚がある気がします。

叔父さんは、急にこの世からいなくなりました。残された人たちは、理由がわからないとその人の死を受け止めきれません。謎を抱えて生きていかなければならないのです。

自分も何度も死ぬことを考えました。叔父さんのことがあったからかもしれないけど、家族だけではなく、親戚みんなで自分のことを支えてくれました。自分も同じようなことにはなってほしくないと家族は必死でした。残された人たちの悲しみがわかるからです。

死ななかった人が強いわけじゃないし、死んだ人が弱かったわけじゃないはずです。一人の人間が生きることも死ぬことも、どんな形であったとしても、そこには共に生きた人たちがたくさん含まれているのです。

十年ほど前に、地元の近くにある市民会館で講演をすることになりました。不思議なことに、その日は叔父さんの命日でした。目には見えないものが後押しをしてくれたような気がしました。

17歳　自分はあんまり、話す元気がないんだけど……。

未来　それもなんとなくわかっているつもりでいる。無理はしなくていい。でも、どこまでが無理をしている自分で、どこまでが踏んばれる自分なのか、よくわからないよね。

17歳　今、それですごく悩んでいる。まわりの人たちは、「無理しなくていい」と言うんだけど、少しずつ無理をしなくちゃ、成長できないんじゃないかって、そればかり考えている。休むことの大切さも感じているつもりだけど、同級生たちと差がどんどん開いていくと、もう学校には戻れない気がして、それが大きな不安なんだ。

未来　「ちょうどよく休む」って、案外難しいよね。手を抜くこととは違うし、力を抜きすぎると肝心な時に力が入らないしね。それを学ぶための時間でもあった。

17歳　今では、うまく休めている？

未来　まぁ、いろいろな経験を積む中で、なんとなく「これ以上がんばってしまうと、肝心な時に力が出ない」という“あんばい”みたいなものはわかってきたかな。

17歳　でも、それを理解するためには、たくさん苦しまないといけないの？

未来　それは、人による。そのような状況でも、学校に通い続けながら理解できる子もいる。

17歳　自分は弱い人間なんだろうか……。

未来　精神的な弱さはあったと思うよ。こんなことを言うと傷つくかもしれないけど。

17歳　「弱い」と言われると、さすがにヘコむよね……。

未来　「弱い」と言われるより、「強い」と言われたほうがうれしいもんね。

17歳　うん。

未来　「自分は弱い」と言える人は、強い人だと思うんだ。そんなふうになるのは簡単な道のりじゃない。すぐにできなくても、それも自分自身なんだ。それを否定したり、傷つけてみたりしても、自分は自分のまま。それはそれで、ヨシとしないとね。

17歳　なかなか自分でＯＫを出すことはできないけどね……。こんな自分でも、生きていけるのかな？

未来　今、こうして生きているよ。

17歳　二十年後も生きているんだ。

いとことは、きょうだいのように育ちました。明るく手を取り合って生きてきました。いとこの結婚式では、叔父さんの写真がたくさん映し出されていました。叔母さんも、いとこも、踏んばってがんばって生きてきたはずです。自分たちが知らない悲しみや悔しさを抱えながら生きてきたはずです。そのすべてはわからないし、わかった気になってはいけないのです。

叔父さんの三十三回忌を迎えて、大きな節目を終えました。

当時、国鉄が民営化することになり、多くの自殺者が出ました。祖母は、葬儀の様子が掲載された週刊誌を眺めては、さみしそうにしていたことを思い出します。あまりのショックで食事が喉を通らず、点滴を受けながら葬儀に列席しました。そんな祖母ももういない。天国で再会できているといいなと思います。

人が突然いなくなるというのは、自分の一部がもぎ取られるくらいの強い痛みがあるけど、姿形は消えてなくなっても、それぞれの中でその人は確かに呼吸をしているはずです。どんな別れ方をしても、それぞれの人の心には生き続けています。

20年後も生きている。

10 ありのままの人

その姿

友人の結婚式に参列した時のことでした。十歳年下の男の子で、生まれたばかりのころからよく知っています。家もすぐ近くです。あのころのかわいらしい面影は残しながらも、しっかりと挨拶していた姿を見て、とても頼もしく思えました。

その友人には弟がいましたが、あまり話したことはありませんでした。友人は明るくお調子者でしたが、弟はおとなしく、隣でニコニコしていた様子を覚えています。

座席表を見ると、弟の名前がありません。なにか理由があって列席できないのだと思っていましたが、控え室に現れました。弟ではあるけど、見た目はすっかり女の子になっていました。親族席にちゃんと女性の名前があり、納得しました。

友人の両親は、高校の先生をしていました。のびのびと育てられてきたことがよくわかる子どもたちでした。毎年もらう年賀状のイラスト一つで、日々の成長から眉毛の細さまで伝わってきました。女の子になったことはイラストからなんとなくわかっていました。立ち振る舞いから服装まで、女性らしいというより自分らしさがよく現れていました。親は学校という場所がどのようなところかよく知っています。その子が不登校になった時、家族でどんなことがあったのかわからないけど、今の幸せそうな姿を見ていると、世間を見ずにその子を見守ってきたことがわかります。

新郎新婦がお色直しをする時に、司会者からきょうだいにエスコートをお願いするアナウンスがありました。友人の新郎は、明るく手を振っていました。その姿をやさしく、時に苦笑いしながら見ている妹がいました。男の子から女の子になっても、きょうだいの小さいころからの関係は一緒でした。なんだかうらやましく、ほほえましくもありました。

世間体を気にしていたら、きょうだいがきょうだいでなくなることもあります。こんなに堂々としている姿を見たら、偏見とか差別なんてことばを使う必要はありません。

17歳　うん。学校では、素の自分でいられる時間があまりなかった気がする。

未来　それは、大人になっても同じかもしれないな。役割を与えられるということは、その役を演じる必要がどうしても出てくる。学校では生徒らしくいないといけないし、下級生らしくいないといけないし、上級生らしくいないといけないし。

17歳　そうすると、どれが本当の自分かわからなくなるんだ。

未来　本当の自分ってなんだろうね。どれも自分ではあるんだけどね。

17歳　まわりに合わせて、作り笑いをする自分も？

未来　それも、自分であることに変わりない。無理が続いちゃうのは、あまりいいことではないけど。

17歳　多分、素の自分でいると、そこにいることができなそう。

未来　それなら、無理して、そこにいる必要はないんじゃないかな？

17歳　そうしないと、一人ぼっちになっちゃうよ。集団の中にいて、一人で過ごすのは耐えられそうにない。

未来　学校では、特にそうだったよね。

対

未来　一人ぼっちになるのはイヤ？

17歳　そりゃ、イヤだよ！、無理していることもあるけど、楽しい時間もあるからね。

未来　今は、一人でいるのも快適になっているけどね。

17歳　仲間はずれになるのもイヤだし。

未来　どちらがいいかわからないね。どの自分を演じていても、ストレスなく過ごせるというのは難しいかもしれない。

17歳　小学生のころは、バッシュを履いている友だちがいれば履きたくなったし、新しいゲームを持っていたら、それを持っていないと不安だった。

未来　同じものを持っていると安心した？

17歳　安心したけど、自分には芯みたいなものがないなと感じる。

未来　クラスの中での流行は、すぐに終わるものが多いからね。まわりの流行に振り回されていると、本当に必要なものがわからなくなってくるよね。

真実

その人のすべてを知るのは、身近な人であっても難しいことです。一人の人間を頭でわかろうとしても、なかなかわかりません。知識は本に書いてあっても、目の前にいる人のことは、どこにも書かれていないからです。

これから若者として、いろいろなことが起こります。深く傷つくこともあるだろうし、失敗も多くすると思います。だけどこの家族のように、変わらないものが、見えないところでしっかり根づいているのなら、幹が折れるようなことがあってもやり直せるはずです。

学校だけではなく、社会に出て行けば偏見は数え切れないほどあります。すべてを人と同じにするのはなかなか難しいけど、偏見があまりに多いと、その考えは人を苦しめます。人数が多ければ普通で、少なければ普通じゃないと考えてしまうと、多いほうが有利になってしまいます。それで、特に迷惑をかけているわけじゃなくても。

だけど、簡単にわかった気になるのも違う気がします。その事実だけで人を判断してしまうと、真実が見えなくなってしまうこともあります。

本人が
幸せなら、
それでいい。

11　周囲の人の目

光

ひきこもり生活を送っていると、太陽の光だけではなく、照明に当たることすらイヤだった時期がありました。暗いところが安心するということもありますが、どこか生きていることに対しての後ろめたさがありました。電気を消し続けることで、存在自体を消したいと思っていました。ひっそりと息を潜める日々が続きました。

ひきこもったのは、自分の弱さがありました。自分を責めすぎるのは良くないけど、環境のせいばかりにしていても、なにも解決できそうにありません。それでも、できることは残されているはずなのに、ふてくされて、投げやりになっていました。同じような状況でも耐えている人はいるし、転んでもすぐに起き上がることができる人もいます。他の人と比べる必要もないのですが、自分の中で希望を生み出すことさえできませんでした。

知人が自ら命を絶った時、意味がわかりませんでした。知人は、自分の部屋で首をつりました。今でも理由がわからないから、理由を考えています。考えても、生き返ることはないことはわかっているけど、知りたいと思ってしまいます。「忘れてはいけない」といつも自分に言い聞かせています。

知人は、約十年間、ひきこもっていたから、知り合いは少なかったはずです。でも、働くことも生きることも決して諦めてはいませんでした。余計にショックでした。

家族であれば、想像を絶するほどの悲しみのはずです。いつもそばにいた人が、急にいなくなるのです。ご家族は、スーパーマーケットに行けば、その人が好きなものをついつい手に取ってしまうし、一緒に行ったことがある場所では、得意気な顔をして知識を披露していたことを思い出すこともあるそうです。そうした一つひとつをかみしめながら、歯を食いしばって生きていくしかない。生きることは残酷であり、修行なんだと思います。

17歳　自分のことを話すのがどうも苦手……。

未来　それはあるね。良さでもあるけど、ため込み続けちゃうと心には良くないよね。

17歳　いびつな形でそれが出てくることはあるけど……。

未来　壁殴ったり、叫んだり？

17歳　そう。苦情ものだよね。

未来　高校生だし、体力があるから、急に家でじっとしているのは無理だよね。

17歳　無理だけど、どうしていいのか……。

未来　必死で死なないようにしていたんだよね。

17歳　もう少し、この日々に耐えていくしかないんだね。

未来　できれば、ひきこもらないほうがいいけどね。

17歳　どうして？

未来　アルバイトをするにしても履歴書や職務経歴書を出す。うそを書くわけにもいかないし、「この空白の期間はなにをしていましたか？」と聞かれた時は、「体調を崩して休んでいました」としか答えられなかった。これはうそじゃないけど、ホントでもない。実際は精神科で診断名がついていたけど、現実から目をそらしていただけだからね。

17歳　厳しいことばだ……現実を直視するにも、どう向き合っていいのかわからない。

未来　まぁ、存分に逃げ回ってみたらいい。それではじめて、逃げるということはどういうことか理解できるから。

17歳　どういう答えに辿り着いたの？

未来　現実からは逃げられても、自分からは逃げられないという事実があることを思い知らされた。どんなに弱くても、どんなに頼りなくても、この自分で生き抜くしかないんだ。もう少し上手にもがければ良かったけどね。

17歳　上手なもがき方なんてあるの？

未来　もっとマシなもがき方があるはず。それを、自分は子どもたちと一緒に探したいと思っている。同じような思いはしてほしくないからね。

自分の中にある光

知人は、光を怖がっていました。その光の一つに周囲の目がありました。仕事をしている人の目はイキイキしているが、比べて自分の目はくすんでいて力がなくて弱々しいと、感じていたようです。「目力の強い人には、自分の自信のなさがバレている気がする」と、話していました。

自分にも同じような時期がありました。ひきこもっている時の目を鏡で見ると、自分が自分でないような気がして怖かったのです。別の人の顔を見ているようで不気味でした。自分の中に光が見つけられないと、外の光は怖くなるものなのです。

光を生み出すきっかけをつくってくれたのは、「伝えたい人」である浜垣さんでした。家族や友人が命をつなぎ止めてくれたから、出会えた人でした。みんなに生かされた命だから、どんな形であっても恩は返していかなければならないと思っています。本当は、知人の命をつなぎ止めることができれば良かったけど、もうどうしようもできません。残された人たちは、自分に与えられた小さな使命を全うしていくしかないのだと思っています。

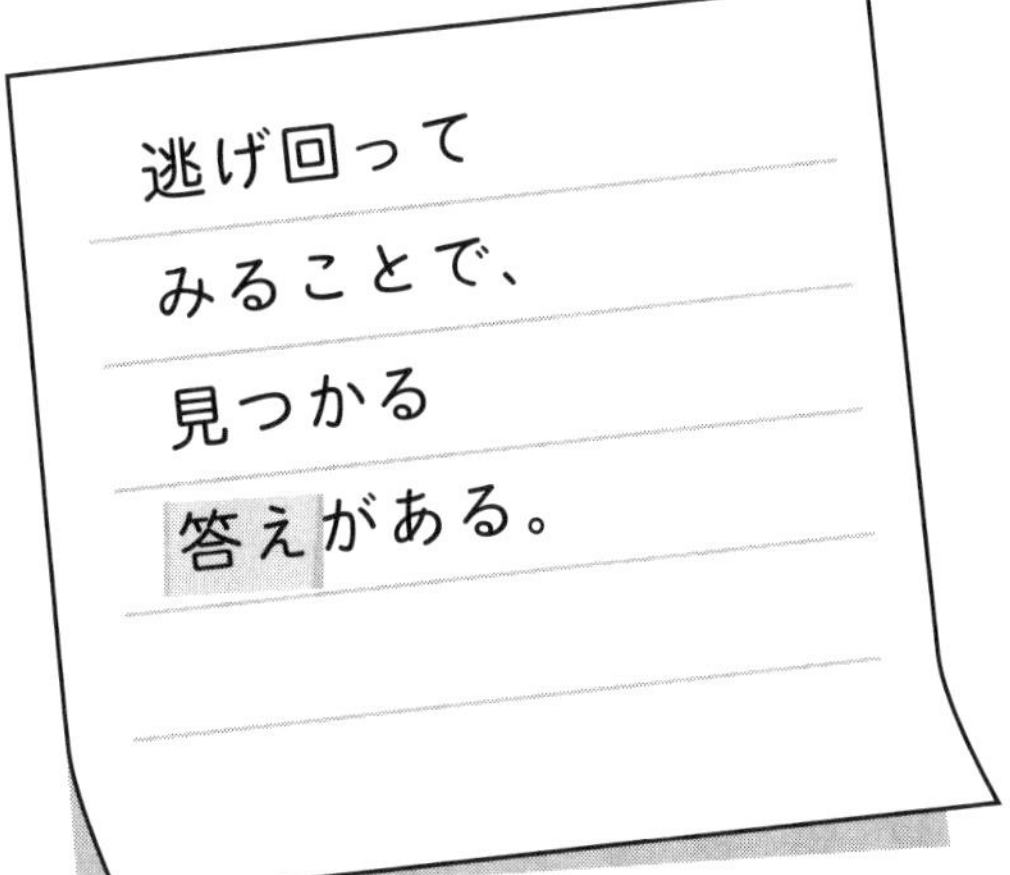
逃げ回って
みることで、
見つかる
答えがある。

12 親友と呼べる人

告白

友人、知人、親友。いろいろな人たちがまわりにはいます。どんな形であれ、まずは出会わなければ、関係は始まりません。

自分には、高校生の知人がいます。その子は、小学生のころから悩みを抱えていました。人の気持ちがうまく受け取れなかったり、予定変更に弱かったり、聴覚過敏があったため、授業でうまく聞き取れないこともありました。性格の良い子だったので、学校では大きなトラブルにはなりませんでしたが、いじられることが多くありました。小学校と中学校には、あまり通えませんでした。「普通の人」になろうとして、無理をしすぎてしまうところがありました。小学生の時に、自閉スペクトラム症という発達障害の診断を受けました。

高校に入って、友人と呼べる人ができたけど、このことを打ち明けられずにいました。信頼しているからこそ、言えないこともあるのです。障害のことを話してしまうことで、今の関係が崩れてしまう不安があり、余計な心配をかけたくなかったようです。

友人は、本人が予定変更でパニックになってしまうと、「そんなに気にしなくてもいいよ」と、いつもやさしいことばをかけてくれました。「大切な人だから、ちゃんと伝えたい」という気持ちが本人の中で日に日に強くなっていきました。

そんな時に通っている高校で、発達障害の講演会が行われました。友人がこの話を聞いて、「今後そういう人に出会ったら、助けてあげなきゃいけないね」と、少し上からの目線を持ってしまっていたらどうしようと、内心びくびくしていました。友人とは「対等な関係でありたい」と強く願っていました。

友人に、「発達障害の話、正直どう思った？」と、聞いてみました。そうしたら友人は「そういう人がいるのはなんとなくわかったけど、大事なのは他の人から貼られるものじゃなくて、自分が描いていく未来なんじゃないのかな？」と言ったそうです。

未来　これから君は東京に出て、一人暮らしを始める。本当は、まだそのタイミングじゃないのに、焦りから無謀なことを始めてしまうんだ。不安定な状態だから、その気配を感じた人が近づいてくる。その人は見た目がちょっと怖そうだったけど、話してみたらとてもやさしかった。知り合いもほとんどいなくて不安だったけど、その人が親身になって話を聞いてくれた。とてもありがたい存在で、信用できる人だと思った。

17歳　いい出会いだったんだね。良かった。

未来　いや、それがそうでもないんだ。あまりにも親切すぎて不気味だった。なにか後ろにどす黒いものを感じるようになっていった。連絡をしなくなったら、住んでいたマンションまで押しかけてくるようになった。その人が経営しているらしいバーに来るように言われたんだ。そこには、その人だけじゃなくて強面の男性が三、四人いて、そこで、なにやら注射のようなものを打っている人がいた。そこで、「君にも打ってあげようか？」と、言われたんだ。その時は、それが覚醒剤だとはわからなかった。

17歳　で、僕は打ってもらうの……？

未来　一人の人が、「その子にはやめておけ」と言ってくれたおかげで、打たなくて済んだ。でも、その一言がなかったら、今ごろ薬物に溺れていたかもしれない。

17歳　薬物をしたら、人生は終わりなの？

未来　そんなことはない。もちろん簡単ではないけど、薬物が止まって七年以上たっている人を知っている。仲間や居場所ができたことによって、止めることができている。薬物に依存していたものを、人や場所に依存できるようになったんだ。

17歳　依存することによって、自立できなくなるんじゃない？

未来　「依存」には、「他のものに頼って成立・存在すること」という意味があるんだ。人に頼るのは悪いことじゃない。

17歳　仲間がいて、居場所があることによって、自立はできるのかな。

未来　人に支えられ、誰かを支えて生きていくんだ。支配するとか、されるという意味ではないよ。薬物の罠にはめようとした人は、自分のことを支配しつつあった。やさしさの仮面をかぶった悪魔だった。孤独な心を操るのは、簡単なことだからね。

高校生の知人は、友人に発達障害のことを言おうと決めていたわけじゃなかったけど、その時に、「自分も発達障害と診断されているんだ」と告白しました。友人は、「そっか、今まで学校にあまり行けなかったのは、それが理由?」と、「それが大きい」と本人は答えました。それを聞いた友人は、「まぁ、過去は過去、一緒に未来を変えていこう!」と、明るい笑顔で言いました。それから、友人のことを「親友」と呼ぶようになりました。

今まで友人がいなかったわけではないけど、親友と呼べる人はいませんでした。高校に行くかどうか迷っていて、また不登校になったらどうしようと不安を抱いていましたが、その不安は親友との出会いによって消えていきました。高校では障害への配慮はなく、決して悩みがなくなったわけではないけど、その親友と出会ってから学校を休むことはほとんどなくなりました。親からも、「明るくなったね」と言われました。親友は、太陽のような存在です。親友と出会ったことの喜びを、満面の笑みで語っていました。

未来ははっきり見えないから不安になるけど、そんな時にポンと与えられる人がいます。人から受けた傷を癒すのもまた人なのです。

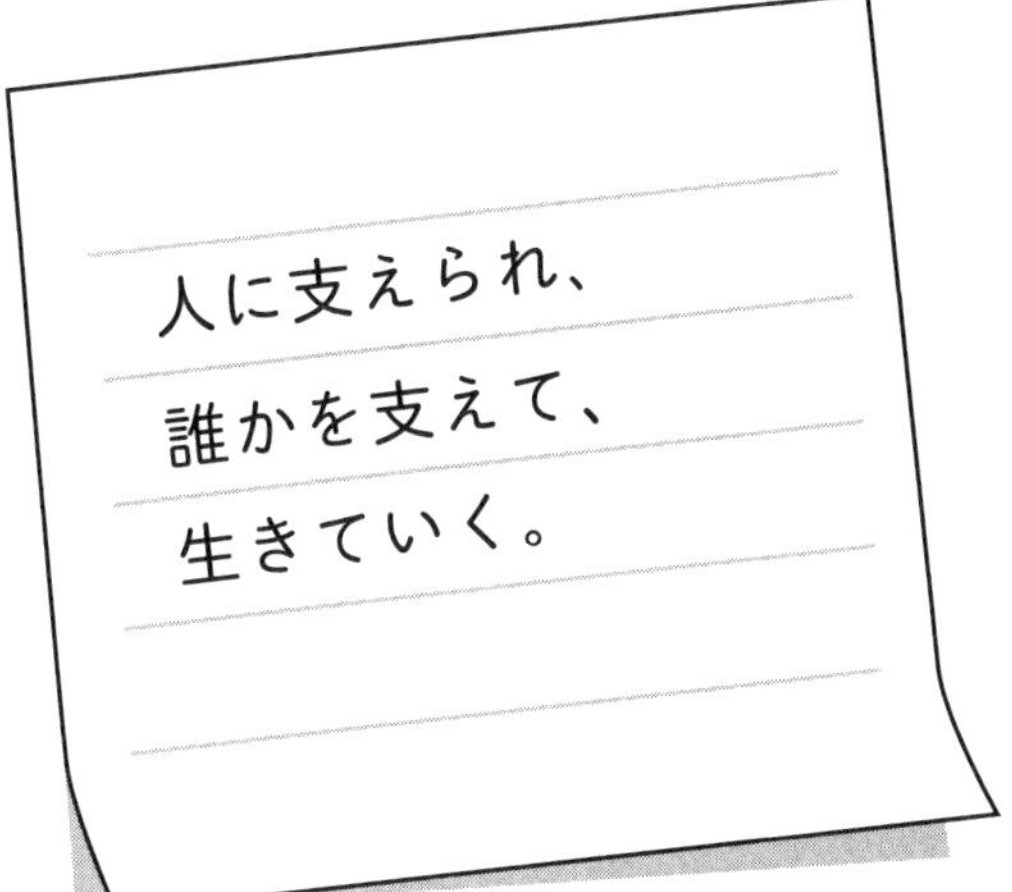
人に支えられ、
誰かを支えて、
生きていく。

13 きょうだい

兄と妹

人間そのものは、よく考えると不思議な部分がたくさんあります。この顔や体や性格で生まれてきたことも、よくわかりません。自分とすべてが同じ人は一人もいません。きょうだいは、不思議な「縁」で一緒に生きることになった人たちですが、同じ環境で育っても、全然違います。似ている部分はあるかもしれないけど、別々の人間です。だけど、他人ということばは似合わない気がします。仲間とも違うし、親友でもありません。きょうだいは、「きょうだい」です。

兄や妹は、いつもあっけらかんとしています。そういう性格が、今でもちょっぴりうらやましく思っています。自分だけがいろいろと考え込んでしまう性格だからです。不登校になってから、より深く考えるようになりました。でも、そんな自分が嫌いなのかといったら、そうでもありません。好きとか嫌いとか、考えている余裕がないのです。

兄や妹は、自分から見ればすくすくと成長して大人になった印象があります。自分は、親にもきょうだいにもたくさんの迷惑をかけてきました。元からいないほうが良かったのではないかと思った日もありました。でも、親ともきょうだいとも、今も昔も関係が変わらないのです。

兄は、自分がいろいろあった時、大学に通っていたのでアパートで暮らしていましたが、妹は中学生でした。友だちを家に呼ぼうとすれば、家にこもっている兄がいて、気を使ってなかなか呼べませんでした。かわいそうなことをしました。もっと親と話したいことがあったかもしれないのに、自分のことが家族の話題の中心でした。転校や入院の手続きなど、自分のことで振り回されている親を見て、話したくても話せなかったのではないかと思います。元々、妹は自分のことを積極的に話す性格ではありませんでしたが、やっぱり中学生でしたからね。話したかったことがいろいろとあったはずです。

17歳　もしも、人と出会うことを諦めていたらどうなっていたんだろう？

未来　ずっと家にこもっていたんじゃないのかな。

17歳　「ひきこもり」というやつ？

未来　そう、「ひきこもり」。理由は人それぞれあるんだろうけど、ひきこもってから二十年たてば、二十歳だった人は四十歳になっている。親も当然同じように歳を取る。人間の命には限りがある。今まで守れていたものが守り切れなくなってくる。今は、家からあまり出なくてもインターネットで生活に必要なものは手に入る。だけど、買い物をするってことはお金が必要だし、公共料金の支払いもあるし、親がいなくなったら、今までのような生活はできなくなる。いざという時にどうしたらいいのかわからない。誰に聞いたらいいのかもわからない。親が体調を崩してから、徐々に外に出ることができるようになった人も知っているから、これもタイミングがあるのかもね。

17歳　ひきこもれるって、幸せなことなのかも。

未来　うーん。それはどうかな。幸せはとても主観的なものだから一概には言えないけど。

人に会ったりすればいいのにと思っていたかもね？

人は、「衣食住」がないと生きていけないからね。ひきこもりは、生きていくための最低限の環境は整っているわけだから、表面から見れば不自由な生活ではないね。

17歳　でも、そんな悠々自適な生活を送れる家庭ばかりではないでしょ？

未来　そうだね。自分はトータルで三年間くらいひきこもり生活をしていたけど、むなしくて、でも快適だった。でも、どんなに逃げ回っても、自分の人生と向き合わなければいけない時が必ずくる。生きるって覚悟が必要。守られてばかりではなくて、誰かを守ることが生きる力にもなるんだ。

17歳　自分にも、守る人が現れるかな？

未来　もう現れているよ。自分が気づいていないだけ。

17歳　誰？

未来　それは内緒（笑）。

17歳　肝心なことは教えてくれないんだもんな〜、ズルい。

未来　大人はズルいのだ（笑）。

きょうだいの不思議

きょうだいとは、うまくできていいます。歯車が自然に合ってきます。それは、努力した結果でもありますが、縁を超えたところにある絆の力が強いのです。生まれた瞬間から出会う人が決まっているとしても、絆を深めていくのはその人の努力にかかっています。もちろん、自分の力ではどうにもならないものもあります。いろいろな家族があるし、いろいろなきょうだいがいます。どんなに仲が良くても、憎しみ合ってしまうこともあります。

自分は、このきょうだいの間に生まれて良かったと思います。このきょうだいの誰かが欠けてしまっていたら、家族のバランスは崩れてばらばらになっていたと思います。

家族がいつも心を一つにしているのかと言えば、そうではありません。でも、なにかあれば、誰よりも早く気にかけるのは、家族のみんなです。

出会うということは、いつか別れるということです。心の片隅に小さな覚悟を持っていないといけません。でも、きょうだいや家族の間には、そんな覚悟を軽々と越えていけるなにかがあります。その〝なにか〟は、最後までわからないかもしれません。そもそも答えなんて出なくてもいいのです。そんな不思議が、きょうだいの間には流れています。

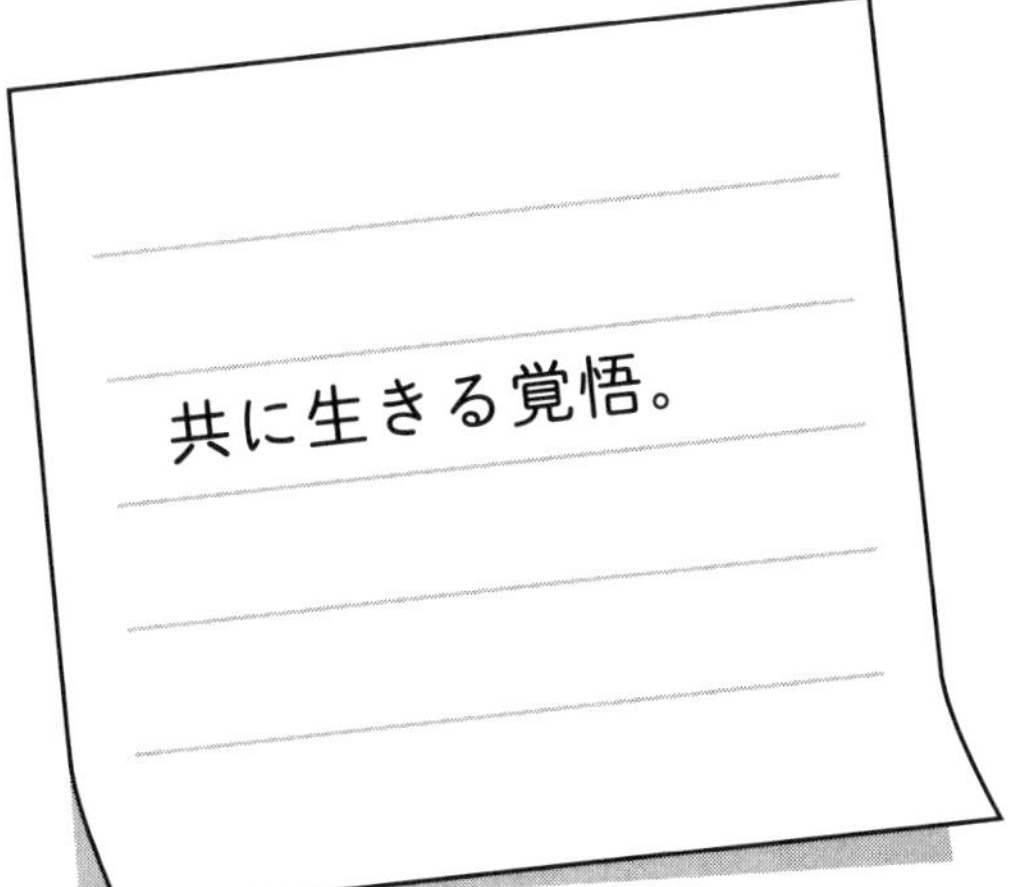
共に生きる覚悟。

14 母

当たり前

母という存在は不思議です。関係はずっと変わりません。生まれてから最初のつながりは、母との間にあるへその緒です。母とつながりがなければ、生まれることができません。

ある時、友人のお母さんと喫茶店でコーヒーを飲みました。友人とは、結婚式の受付もしたほどの親友です。毎年友人の三人の子どもたちには、ささやかなクリスマスプレゼントを送っています。友人は、お母さんが四十歳の時の子どもで一人っ子です。とても気が利く子で、真面目で律義です。自分にはないものをたくさん持っています。出会ったのは、自分が十九歳の時でした。

友人のお母さんが、病気で倒れてしまいました。長い時間がかかる手術をして、一カ月以上入院していました。お見舞いに行った時には、変わらないとまでは言えなかったけど、元気そうな姿にホッとしました。友人は看病などもあり、家族で千葉から東京へ引っ越しをしました。子どもたちは、転校したり、習い事を辞めたり、大きな環境の変化がありました。最初は戸惑っていたけど、今は、みんなのびのびと元気に過ごしています。

友人のお母さんは、元々歌手でした。病気が回復したあと、お母さんのライブに行きました。ゆったりとしたバラードを、みんなじっくり聴いていました。後遺症は残っているところもあるだろうけど、歌声は昔のままでした。お客さんの前で歌を歌ったあとに会いました。友人のお母さんの話題は、ほとんど友人である子どものことでした。

いつになっても、母親は子どものことが心配です。子どもが大人になっても、親になっても、親にとって子どもは一生子どものままなのです。ウザいと感じる時もあるけど、親とはそもそもそういう存在です。自分のことをすごく心配してくれる人は、そんなに多くはいません。自分の母は、「母親なんだから、そんなこと当たり前」と、小さいころから言い続けています。

17歳　今は、自分はこんな情けない状態だけど、この経験が誰かの役に立つといいなって、漠然とだけど思ってる。

未来　そうかあ。そういう発想は、今もあんまり変わっていないな。変わるものと変わらないものがあるけど、ある程度面倒くさい自分とも付き合っていかないといけないから。

17歳　でも、それを簡単にわかった気になってはいけないよね。

未来　うん。自分の中でわかったと心から思えるには、時間が必要。だから、うーんと考えるといい。それは、未来に必ず生きてくる。ひきこもってみてわかったけど、まわりから刺激を受けないと、動き出すきっかけを見つけられないんだ。きっかけは自分の中というより、人から与えられるものだと思う。

17歳　誰かと出会わなければ、始まらない？

未来　そうだね。出会いが人生を動かしていくと言っても、言いすぎじゃないと思う。

17歳　でも、ろくでもない出会いもあるんでしょ？

未来　そりゃ、あるさ。もしかしたら、自分も誰かにとってはそうなっているかもしれないしね。すべての人との出会いに意味はあるんだろうけど、悪いほうに引っ張られることもあるし、逆もある。そこからなにを学んで、どう活かしていくかが大切なんだ。

17歳　失敗や傷つくことは避けられないんだね。

未来　でもそれも、誰かと出会うために必要なプロセスだから決して無駄にはならない。

17歳　一生出会うことができなかったら、どうするのさ？

未来　そういうことも、時にあるかもしれないけどね……。

17歳　自分はそうなりそうな気が……。

未来　だから、ひきこもっていてはその機会がすごく減るんだ。

17歳　無理やりにでも家から出たほうがいいってこと？

未来　これから君は、度々なにかを得ようと夜の街を彷徨うことになる。みんなからはぐれてしまう怖さを必死で払拭しようとして悪あがきをするけど、投げやりになっている部分があるから、物事に対する判断能力がすごく低くなっていて、いろいろな誘惑の善悪の判断ができない。その時に生きる土台になるのは、やっぱり家族なんだ。

誰よりも

ある知人は、十代の時にお母さんをがんで亡くしました。父一人、子一人で、お互いに不器用ながらも手を取り合って生きてきました。お母さんがしてくれていた料理も洗濯も掃除も、なんとか二人でできるようになりました。

お母さんが入院中にこっそり書いていた手紙を、亡くなったあとに家族が見つけました。最初は、思い出して動けなくなってしまうことを恐れて、読むことができませんでした。でも、親子にとても苦しいことがあって、お母さんに助けを求めたくて、手紙を読むことにしました。

そこには、自分がいなくなったあとに家族が困らないように、料理のつくり方などがたくさん書かれていました。子どもの成長を誰よりも楽しみにしていることも書かれていました。家族に必要なものが、すべて書かれていました。今でも、家の中の一つひとつにお母さんの存在があふれています。姿形を現すことはないけど、確かにそこにいるのです。

誰よりも家族のことを知っていて、誰よりも家族を心配しているのは、やっぱり母親という存在なのだとしみじみ思います。命が消えてもつながっています。生き続けています。

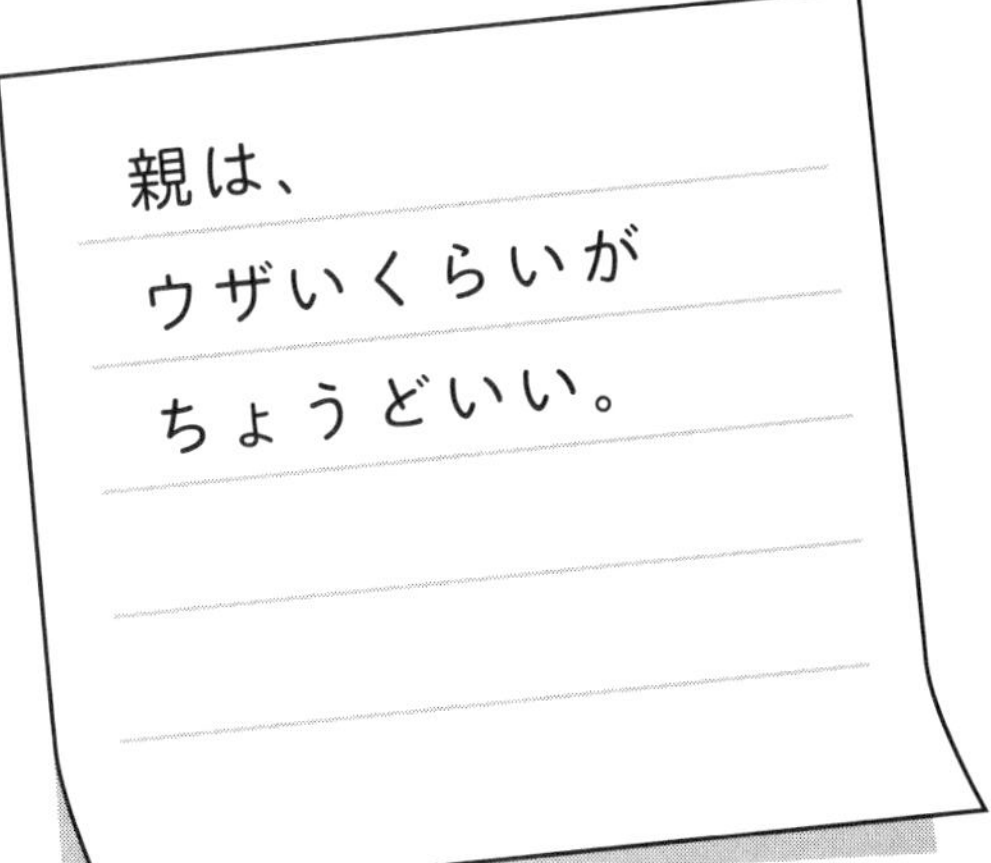
親は、
ウザいくらいが
ちょうどいい。

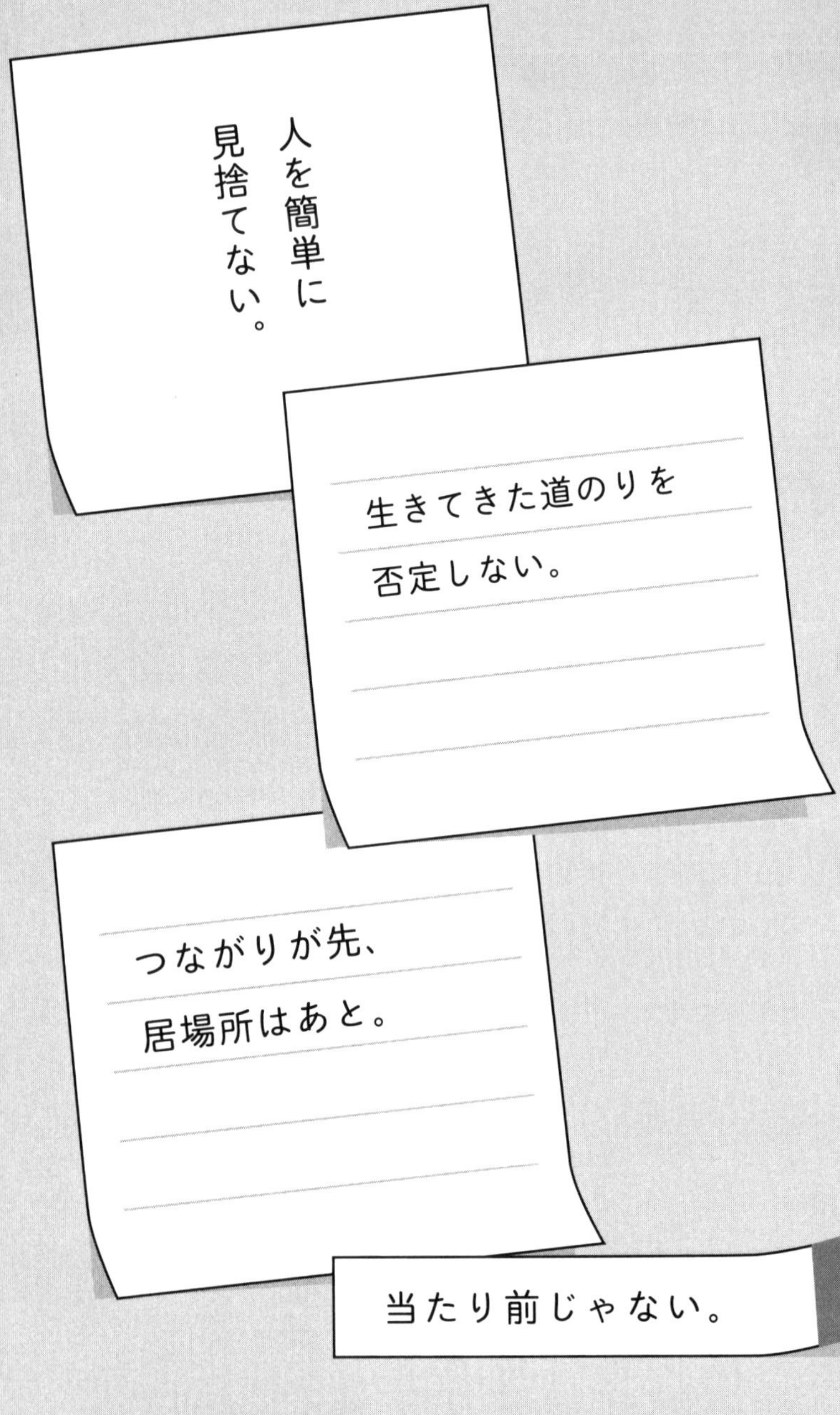
人を簡単に
見捨てない。
生きてきた道のりを
否定しない。
つながりが先、
居場所はあと。
当たり前じゃない。

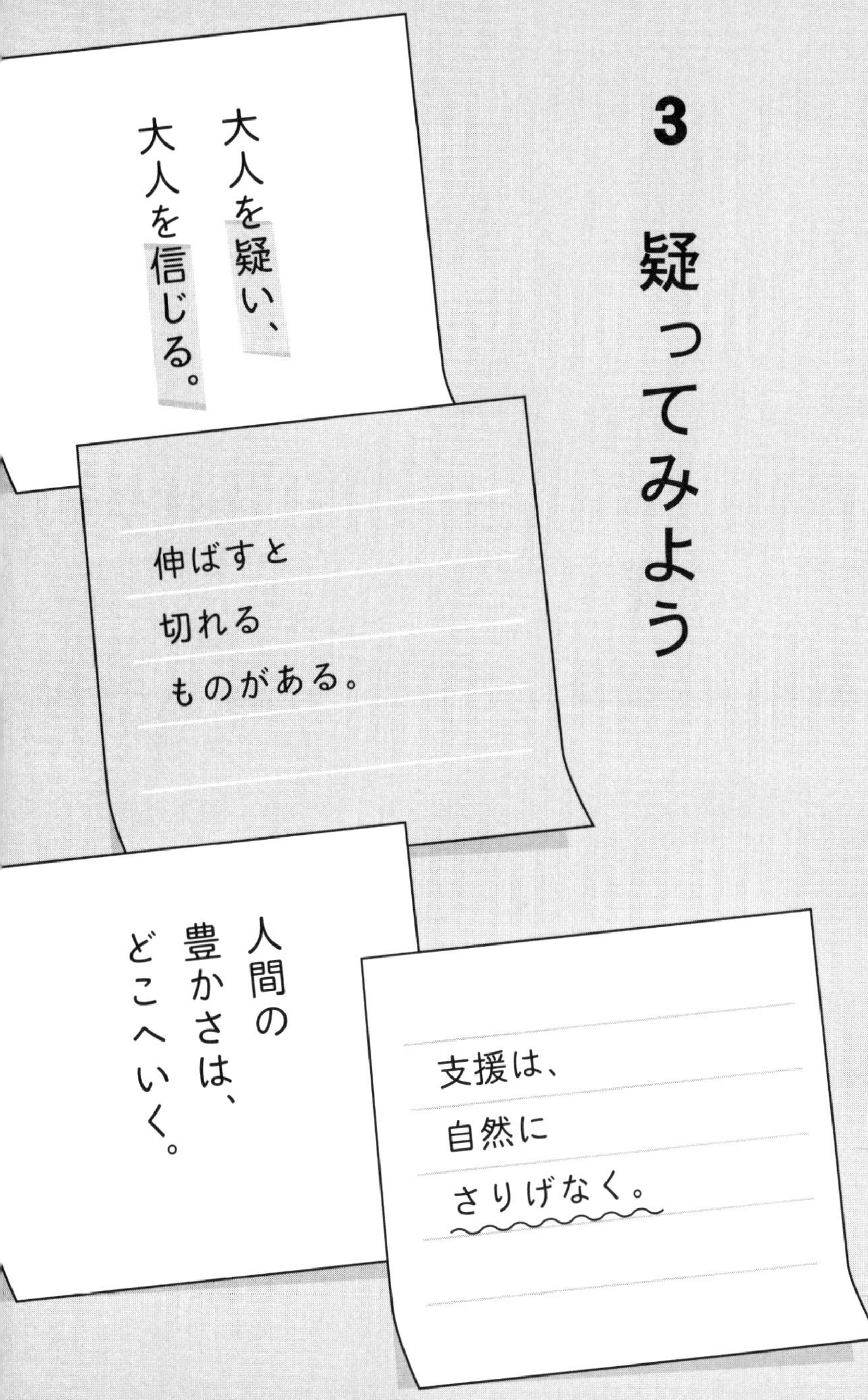
3
疑ってみよう
大人を疑い、
大人を信じる。
伸ばすと
切れる
ものがある。
人間の
豊かさは、
どこへいく。
支援は、
自然に
さりげなく。

15 相談

アドバイス

学校に行けなくなってから、「なんでも相談に乗るよ」と言ってくれる大人が増えました。不登校になると、なんで大人がやさしくなるのかよくわかりませんでしたが、そのことばに甘えて、最初はなんのためらいもなく、誰にでも相談していました。

相談とは、他人に意見を求めることです。わからないことがあれば聞いたほうがいいし、悩みがあれば話をしてみることは大事です。でも、いろいろな人に相談すると、答えが一人ひとり違って、頭の中が混乱することがあります。どれを選んでいいのかわからず、余計に悩みが増えてしまうことがあるのです。

相談した人のアドバイスに従わないと、「言った通りにしないから、こうなったんだ」

と、やんわりと怒られたことがありました。相談に乗ってもらうことはとてもありがたいことです。その人の貴重な時間を使ってもらっているわけです。だけど、もらったアドバイスをどうするかは自分次第です。素直にアドバイス通りにすることも一つだけど、その中からなにを選ぶかは自由なのです。その選択について、尊重してくれる大人は自分のことをよく考えてくれていたと感じています。

ある時から、人に相談することをほとんどしなくなりました。相談して心から良かったと思った経験がほとんどなかったからです。それから、自分自身と対話するようになりました。自分と相談するようになったのです。

もちろん、自分の意見の通りに動いてしまうと、失敗もたくさんありました。でも、その失敗を誰かのせいにすることは少なくなりました。アドバイスをもらうと、それを素直に実行してうまくいかないと、そのアドバイスのせいにしていました。相談しておいて、とても勝手ですね。自分以外のもののせいにしたほうが楽だったのです。でも、それじゃ、なにも解決しませんでした。

未来　相談して、うれしかったことはある？

17歳　もちろんあるよ。話を聞いてもらえるだけで、うれしいこともあった。

未来　イヤな思いをしたことはある？

17歳　うん。相談に乗ってもらっているから、正直な気持ちは言えないけどね。

未来　まあ、言いづらいよね。それで、つらくなっていないかな？

17歳　実を言うと、悩みが増えている気がする。

未来　相談しているのに、悩みが増えているのか。

17歳　自分が「こうしたい」とか、「こう思う」ということをしっかりと聞いてくれる人が、あんまりいないんだ。

未来　そうかあ。それは、もしかしたら自分の気持ちが相手に届いていないのかもしれない。

17歳　それは、あると思う。人になにかを伝えるって、すごく難しい。

未来　病院とかだと、診療時間が短いから短くわかりやすく伝えないといけないもんね。

17歳　まぁ、それができないから、病院に行っているわけだけど……。

未来　大人は、なかなか待ってくれないかあ。

17歳　忙しいのはわかっているつもりだから、しょうがないと思うけど……。

未来　自分でことばにできないことを、大人がことばにしてくれた時はうれしい？

17歳　そうだね。「それを言いたかったんだ！」ってことをことばにしてくれて、それについてアドバイスしてくれる人は、本当に自分のことをよくわかっているなと思う。

未来　「つらかったね」って言われることもあるよね。

17歳　そう言われることが、すごく多い。もちろん、悪気があるわけじゃないだろうけど……それを言っておけば良いという、大人の思い上がりみたいなものを感じる。

未来　そうかあ。君のことを、思って言ってくれている人もいるけどね。

17歳　それもわかっているつもりだけど……なにがつらいのかを、ちゃんとつかんでくれる大人に出会えた時はうれしかった。

未来　二十四時間、三六五日つらいわけじゃないもんね。

17歳　楽しい時もあるからね。

お互いの気持ち

不登校になる前から、「どうせ大人に話しても無駄」「大人はわかってくれない」と、諦めてしまうことが多かった気がします。大人より、友だちのほうが信頼できる時期だったのかもしれません。しかし、自分の正しさをごり押ししてくる大人がいたのは事実です。大人になってからもそういう人に出会うことがあります。大人の意見でも、疑問を持つことは大切です。大人でも、間違えることがあります。

では、子どもは大人のことをどれだけわかっているのでしょうか。大人は、自分が悩んでいることをなるべく子どもに見せないようにします。子どもが大きく成長するかけがえのない時間を、自分のことで奪いたくないと思っているのかもしれません。

お互いの気持ちを全部わかることは、残念ながらできません。自分自身の気持ちさえも全部わかっていないし、気持ちは日々変わっていくものです。それでも、大人も同じ人間だから、子どもと同じように悩みがあるのは自然なことです。でも、そういう大人の気持ちに配慮しながらも、相談するのに遠慮はいりません。

相手のことを知ろうとする人は、相手も自分のことを知ろうとしてくれます。

大人を疑い、
大人を信じる。

16 本当の自分

個性の捉え方

十代後半のころの自分は、あまり好きではありません。なにもかも中途半端で、特徴的な個性もない。心配性で、人の言動や行動に一喜一憂し、ヘコむ時はヘコむ。今も、根っこの部分はそれほど変わっていない気がします。ただ、それを見せないようになっただけかもしれません。その弱くてどうしようもないのが、本当の自分の姿なんだと思います。

教育関係の講演などを聞くと、「個性を伸ばす」、「長所を活かす」ということばによく出会います。そのことばを聞く度に「個性や長所を絶対に伸ばさないといけないの?」と、考えてしまいます。個性には「ある個人を特徴づけている性質・性格」という意味があります。これは誰にでもあるものです。それを伸ばすことで切れてしまうものがあるんじゃないのかなって思います。

個性の捉え方も人それぞれ違います。誰かに「これがあなたの長所」と言われても、他の人からは「それがあなたの短所」と、正反対のことを言われることもあります。学校の中で一番足が速くても、全国大会に行けば最下位かもしれません。自分のいる場所によって、長くなったり短くなったりするものがあるのです。

でも自分は、長所と言われるとうれしい気持ちになります。短所と言われるとカチンときます。短所をあえて言う人の気持ちはわからないけど、案外その「カチン」とくることを言われたことが原動力になって、努力できることもあるから不思議なものです。褒められると、「お世辞なのかな?」と思ってしまいます。十人以上に同じことを言われたら、信じるようにしています。

今までで一番言われたのは、「明るさ」かもしれません。「自分がいると、雰囲気が明るくなる」と言われることがとても多く、今でもそれは変わりません。だから余計に、うつむいて笑顔が消えていた十七歳の時は、自分が自分でなくなっていく感覚を味わいました。

未来　自分が自分でなくなっていく感じ、わかる？
17歳　うーん、どうだろう。自分の存在が忘れられていく感じはあるけど……。
未来　不登校になる前って、どんな自分だったか覚えている？
17歳　みんなにいい顔して怒られるとか？
未来　誰に？
17歳　友だちに。
未来　確かに。あまり深く考えずに上級生から勧められたバイクを譲り受けたり、ほしいと言われて、自分のものを簡単にあげたりしてしまったこともあったもんね。
17歳　「なんでこんなものを、お金を払って譲り受けたんだ！」って、バイクに詳しい友だちに怒られた（笑）。
未来　まぁ、それは君が悪い。友だちに相談してから買えば良かったのに。
17歳　今さらそんなことを言われても困るよ。でも、結構快適だよ。
未来　そのあっけらかんとしているのが、君の良さではあるんだけどね。でも、そんな面と、

17歳　すごく人のことばに落ち込んだりする繊細さも持っている。自分って、すごく面倒くさい人だと思うよ。

未来　……。

17歳　なにか言ってほしいんだけど？

未来　それは今でも変わらないから、なんとも言えない。

17歳　変えようとはしなかったの？

未来　変えようとはしたよ。でも、なんのために変える必要があるのかを考えてみたんだ。

17歳　なんのため？

未来　結局、繊細だと生きていけないと思いすぎていたんだ。

17歳　でも、それだと生きていくのはつらくならない？

未来　持って生まれた性質なんだから、大事にしようと思ったんだ。それが自分の命を大事にすることにつながる気がしたからね。

人はそれぞれ

金子みすゞさんの詩に、『私と小鳥と鈴と』というものがあります。その中の「みんなちがって、みんないい。」というフレーズが、教育関係者の中で多く使われる時期がありました。しかしそれは、金子さんがこの詩に込めた想いとは違ったカタチで使われてきた気がします。

自分には、「人はそれぞれ違うけど、それぞれに尊重する姿勢と謙虚さを持つことが大事」だということを、この詩は教えてくれます。やっぱり詩は、全文で伝えないと伝わらない気がします。

そもそも、「私」、「小鳥」、「鈴」と、私以外の人間は出てきません。もしこれが、「私とあなたと先生と」となれば、「みんないい」と言えない人もいるのではないかと思います。みんないいと言えればいいけど、「みんなステキとは言えないな」とか。でも、それでいいのです。人それぞれ、好きなもの、嫌いなものがあります。それでも、そこに存在していることには確かに意味があって、その場所にいていいはずなのです。誰かにとっては避けたいものでも、違う誰かにとっては必要な光だったりします。

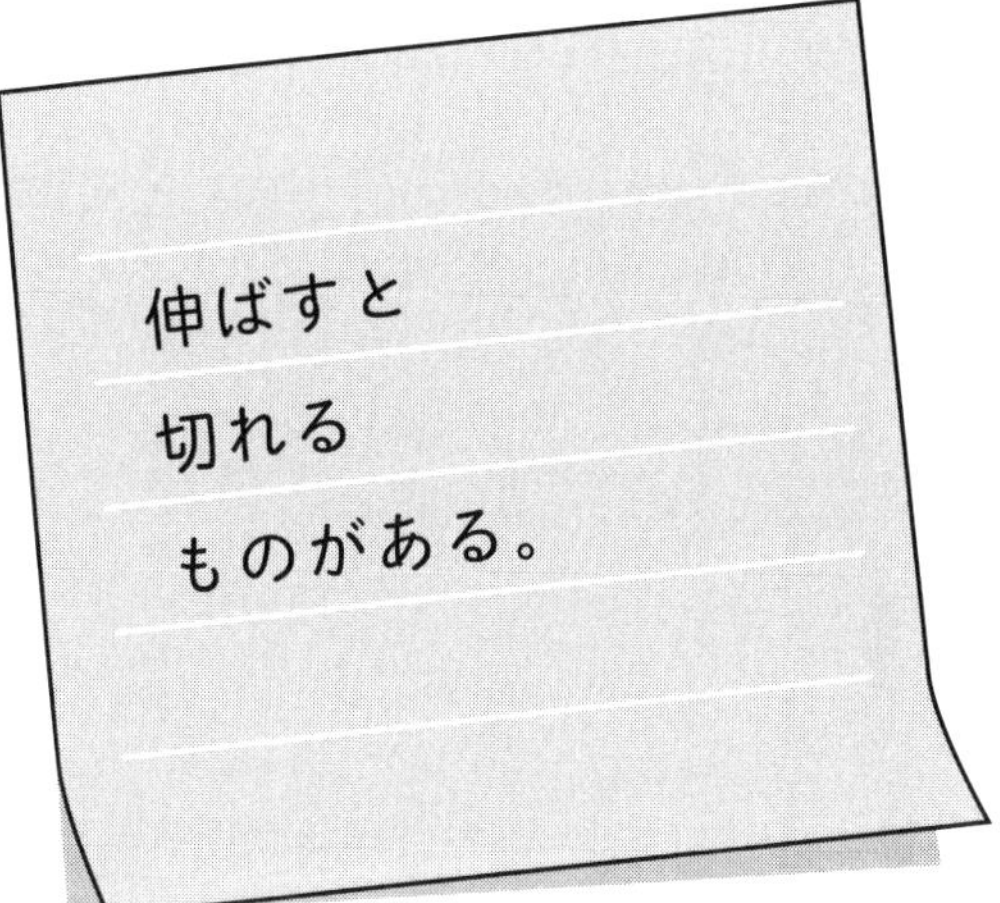
伸ばすと
切れる
ものがある。

17 葛藤

小さなメダル

新型コロナウイルスの影響がいろいろなところに出ている時期にこれを書いています。自分は、二〇一九年から出身校の中学校で女子ソフトテニス部のコーチをしています。

雪国である新潟県に住んでいるので、冬の間は外で部活ができません。雪が溶けて、外で部活ができるのは五月のゴールデンウィークのころからです。六月には三年生にとっては最後の大会が始まるので、それまでは町が運営するスポーツ施設で週一回、みんなで練習する予定でした。

しかし、新型コロナウイルス感染拡大防止のために、政府が全国の小中学校、高校、特別支援学校に臨時休校を要請しました。緊急事態宣言が出たので、スポーツ施設も休業するしかありませんでした。子どもたちもそんな理不尽に本当によく耐えたと思います。あっけらかんとしているように見えても、心の中ではさまざまな葛藤があったのではないかと思います。

結局、部活は再開できても感染拡大を懸念して、公式戦はなく、代替試合（研修会）が開かれたのみでした。学校の先生たちは最大限の努力をして、試合の準備をしました。順位は出ましたが、開会式や閉会式は放送のみで賞状もなし。

なにも手元に残らないというのは、なんとも味気なく、悔しいものです。これで引退とは、自分だったら納得なんてできません。その数か月後の新人戦では優勝旗もあれば、賞状もありました。

最後の校内試合ではささやかながら、金メダルを用意してみんなに渡しました。三年生には拍手を送るだけではなく、今までがんばってきたことに対して、きちんと胸を張ってもらいたかったのです。

未来　学校が臨時休校になることあったよね？

17歳　うん。大雪だと電車が止まることもあるから、学校が休みになることはあったよ。

未来　一カ月以上の休みはなかったよね。

17歳　夏休みがあるじゃん。

未来　それ以外で。

17歳　臨時休校ではないけど、今が長期休みだけどね……。

未来　二〇二〇年にはね、「新型コロナウイルス」という感染症が世界で大流行するんだ。

17歳　でも、それだけじゃ長期休みになんてならないでしょ?、インフルエンザで学級閉鎖とかあるけど、せいぜい一週間くらいでしょ。

未来　それがね、三カ月間くらい、臨時休校になったの。

17歳　三カ月!?、うそだ。

未来　いや、ほんとのことなんだ。君が今在籍しているのは新潟県立高校になる。この県立高校の全部は長い休みをとったから、夏休みがほとんどなくなった。「ステイホーム」

と言って、不要不急の外出は控えるようにしていたから、みんなずっと家にいるしかなくなったんだ。

17歳　休校になって、不登校の子たちはホッとしたのかな。

未来　安心して家にいられるようになった部分もあるけど、外出できないモヤモヤをみんなと同じように抱えていたはずだよ。

17歳　家にずっといるのもしんどいよね……。

未来　運動もほとんどできなかったから、ストレスがたまっている子は多かったよね。この先どうなるかわからないから、大人も子どもも不安だったと思う。

17歳　今はもう大丈夫なの？

未来　学校は再開してもみんなマスクをつけなければいけないし、感染拡大を防ぐために不自由な部分が増えたんだ。

17歳　学校に行きたくても行けないって、本当にきついと思う。

大切なこと

緊急事態宣言が出てから、自分の状況も大きく変わりました。ライフワークである講演活動は難しくなり、講演はオンラインになり、在宅での仕事が増えました。家にずっといるということは、移動や待ち時間などで生まれる「余白」がなくなるということなのです。インターネットで風景を見ることはできても、実際に自分の目で見るのとでは圧倒的に違います。その場に行って匂いを感じることもできない、音を聞くこともできない。感動することが難しくなりました。マスクをしていると目元でしか表情がわからないし、感受性が乏しくなっていっている気がします。

不登校の時に失ったものは、きっとこういうものなんだと思います。人間の豊かさが、どんどん消えていってしまいます。取り戻すにはリハビリが必要で、これが結構大変なのです。

もちろん、すべてを失ったわけではないし、オンラインになることでの良さもあります。それでも、人間同士がふれ合い、笑い合う時間が感染症の影響で減るのは、とてもさみしいことです。大切なものは手渡ししたいし、大切なことは直接伝えたい。

人間の
豊かさは、
どこへいく。

18 支援

ユニバーサルデザイン

チラシや広報誌、テレビの字幕など、読みやすい文字が増えてきました。文字がなくても伝え合うことはできますが、やっぱり不便です。文字がない時代はありましたが、文字が発明されてからは、昔のことを現代の人に伝えることができるようになりました。学校の授業でも、文字がないと授業になりません。

「ＵＤ」とは、「ユニバーサルデザイン（Universal Design）」のことを言います。頭文字をとって、ＵＤと呼ばれています。建築家のロナルド・メイスさんが生みの親です。彼は、障害者のためになにかをつくることを考えたのではなく、誰にとっても使いやすいものをと考えました。

バリアフリーは、高齢者や障害者が社会生活を送る上で、壁となるものを取り除くことを言います。これは決して悪い考えではありませんが、同じ人間でも障害者と健常者とはっきり分けて考える必要がどうしても出てきてしまいます。

ユニバーサルデザインには“わざわざ”ではなく、“さりげなく”ということばがよく似合います。

よく見たり聞いたりしないと、なかなかわかりません。たとえば、シャンプーの容器にさりげなくギザギザが入っているものがあります。このギザギザは「触覚記号」と呼ばれています。リンスとの違いを触るだけでわかるように工夫してあります。ボディソープにも一直線状の触覚記号を入れて、区別できるようにしている商品もあります。

視覚障害のある人たちから要望が出たことも理由の一つですが、目をつぶっていても区別できるので、誰にとっても使いやすいのです。

そんなふうにつくられていても、間違える時は間違えるのですけどね。

未来　なにかを手伝ってもらうにしても、あからさまに、「手伝ってあげる」という姿勢はイヤだよね。

17歳　うん、ありがたいけど、イヤだね。上から目線な気がして。

未来　上から目線は、どんな時でも不快だね。

17歳　まぁ、上から目線の大人は多いけどね。

未来　大人から見れば、君はまだ子どもなんだろうね。

17歳　子ども扱いするな！って思うんだけど。

未来　でも、大人からすれば、やっぱりまだ子どもなんだよ。

17歳　自分が子どもなのか大人なのか、いまいちよくわからない時期なのかもしれない。

未来　そうだよね。高校辞めて、働いている友だちもいるしね。

17歳　大人に対しては、強く言えないからね。下手したら機嫌が悪くなって、面倒なことになるし。

未来　そういうこともあるね。子どものほうが、機嫌を取らないといけない大人もいるね。

17歳　どうして、子どもが大人に意見するとイラつく人がいるんだろう。

未来　中には、自分自身が満たされていないものを、子どもで満たしている人もいるのかもしれない。

17歳　うまく利用されているってこと？

未来　まぁ、そういう場合もある。

17歳　最初は親切そうに見えても、全然違ったりする。

未来　でも、してもらっている立場だし、強く言えないよね。

17歳　言えない。

未来　これは、支援についても言えるんだよ。

17歳　「支援」ってなに？

未来　支え、助けることとか、援助するという意味があるんだ。

17歳　じゃあ、まわりの人たちに支援してもらってばかりだ。

未来　そう。支援って特別なものじゃなくて、日常の中にたくさんあるんだ。

UDフォント

読みやすい文字である「ＵＤフォント」は、二〇〇九年十一月に「モリサワ」という会社から生まれました。フォントとは、文字の書体のことです。二〇一七年十月から提供を開始した「Windows 10」で、「ＵＤデジタル教科書体」が採用されました。この時から、ＵＤフォントがより身近な文字になりました。学校では、明朝体と教科書体と呼ばれるフォントが使われています。教育現場でも、少しずつ使われ始めています。

「ＵＤフォントですよ」と言われないと、なかなか気づくことができません。それくらい自然に使うことができるのが、このフォントのすごさです。文字が読みづらい人がいたとして、いかにも「あなたのために用意しました」というものは使いづらくなります。本人は支援を受けることが必要だとしても、やはり自然な形で受けたいのです。

自分の住んでいる場所の地方自治体では、広報紙にこのフォントを使用している時があります。「文字が読みやすくなった」と思うのは一部の人で、あとは「前と変わったかな?」というくらいの認識です。こうした、自然な支援が一番気楽なのです。目線は同じであれば、フラットな関係が築けるはずです。

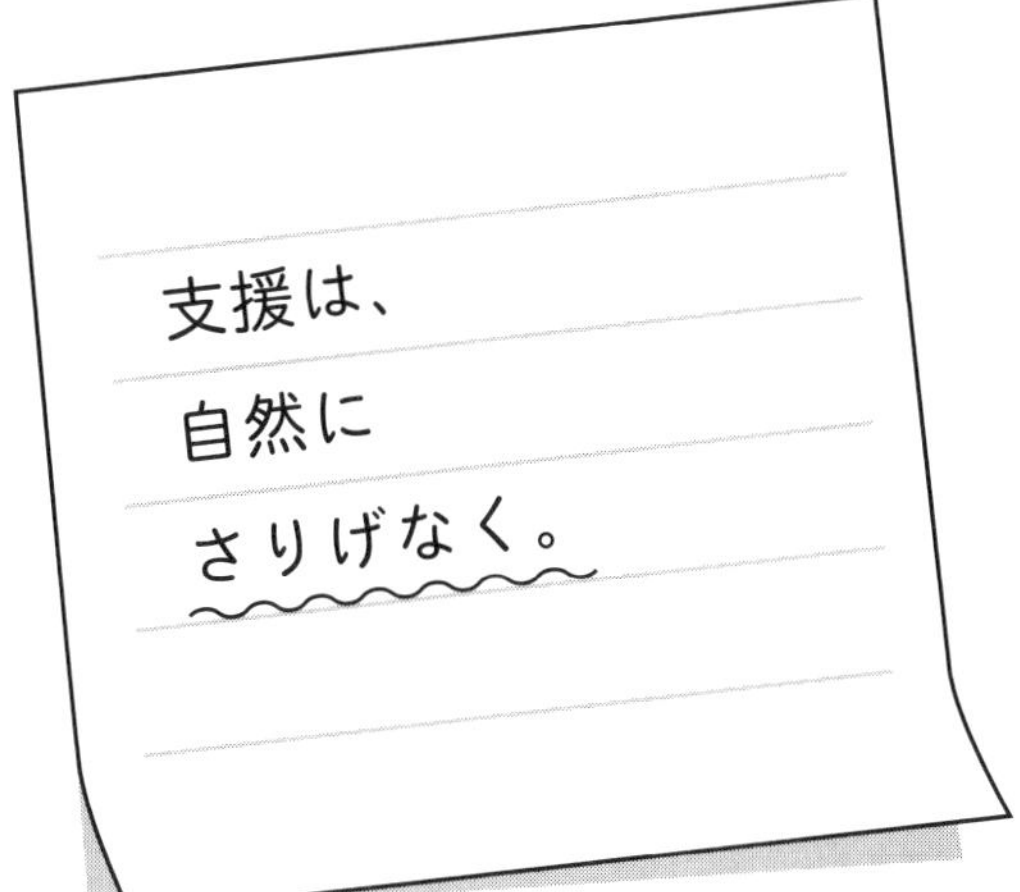
支援は、
自然に
さりげなく。

19　不揃い

規格外野菜

スーパーマーケットへ行くと、卵のサイズは「S（スモール）」、「M（ミディアム）」、「L（ラージ）」などに分かれていて、同じ大きさのものがパックに詰められています。野菜も形や大きさがほとんど同じものが並べられています。

スーパーで売られている農作物（野菜や穀類など）には、「規格」という、大きさや形などについて定められた物差しがあります。買う人としては、値段は同じなのに大きかったり小さかったりするより、似たものから選ぶほうが買い物がしやすいです。でも、これに慣れてしまうと、少し姿や形が違うものが入っていると違和感を感じてしまうことがあります。

野菜には、「規格外野菜」というものがあります。形や大きさなどが出荷の規格に合っていない野菜のことを言います。あまり見かけないそのような野菜はどこに行くのでしょうか。他に使い道があればいいのですが、ない場合は捨てられてしまうこともあります。
ある時、知人からお菓子のお土産をもらいました。甘い食べ物が好きな自分としてはとてもうれしい気持ちになりました。箱を開けると、同じお菓子でも形が少しずつ違っていました。つくる人が気分屋だったのかもしれません。同じものが並んでいる光景に慣れてしまっているせいか、その少しの違いがとても気になってしまいました。でも、味はどれもみんなおいしかったです。

学校という規格から外れたとしても、見つけて、手を伸ばしてくれる人はいます。必要としてくれる場所はあります。見つからない間は、「自分なんていてもいなくても同じ」と感じるかもしれません。それでも、必ずあなたを見つけてくれる人はいます。

未来　コンビニで、不思議に思うことはない？

17歳　不思議に思うこと?、幽霊が出るとか？

未来　違う違う（笑）。それはそれで怖いけど。そういう話ではなくて、同じ商品があったら、ほとんど同じ形だよね。

17歳　そう言われてみれば、賞味期限は違うけど、手作りのように一つひとつの形が違うことはあんまりないね。

未来　こっちの商品は卵の量が多いけど、こっちは少ないから多いほうを選ぼうというのはあんまりないよね。

17歳　そうだね。でも、そのほうが不公平感がなくて、いい感じがするよ。

未来　特にコンビニは滞在時間が少ないから、どれを選んでも同じなほうがいいよね。もし、そこに色や形が大きく違っているものがあったら、どう思う？

17歳　すごく違和感があるかな。気持ち悪いとまでは言わないけど、全部同じだと思っているから、避けるかもしれない。

未来　きれいに整っていると見栄えも良くなるし、すごくいいことなんだけど、きれいに整っていなくても、一つひとつの個性は光ることもある。これは、学校の友だちにも言えるよね。

17歳　写真撮影の時とか、全校朝会とかで、きれいに整列させられていたけど、自分としては不思議に思っていた。なんだか大人の自己満足に見えたから。

未来　きちんと並んでいないと注意されるからね。不揃いは、大人からすればあまりいい状態とは言えない。不登校になると、そこにすら並んでいないことになる。でも、机と椅子は教室に残されたまま並んで、クラスの人は違和感を感じているかもしれないね。

17歳　自分も、みんなと同じように教室にいられないことに違和感があった。

未来　不登校になって悩むのは、自分だけじゃない。クラスの人たちもどうしていいかわからなくて悩むこともある。でもそれは、不揃いだからではなく、誰かが欠けるとさみしいからなんだ。揃っていることばかりが正しさではないし、人はみんな欠けている。だから、一緒に生きていくんだ。

偏見

野菜は、きれいに整っているものだけがいいのかと言えば、そうではありません。少し曲がっていたり、小さかったりしても、味はとてもおいしいものがあります。スーパーに並んでいなければ価値がないのかと言えば、そうではありません。

学校には、教育を進めるための「学習指導要領」という物差しがあります。その物差しがあるから、どの地域に住んでいても同じ内容を学ぶことができます。先生たちは、そこから外れないようにいろいろ工夫して教えています。でも、外れてしまう子も出てきます。教室に入れず、授業を受けることができない子どもたちも野菜と同じです。すべてのものは、そう簡単に価値は決められないのです。どんなに違和感を覚えたとしても、一度味わってみると、見た目で判断してしまった自分を後悔することもあります。

気づかないうちに、ものだけでなく人にも偏見を持つことがあります。整っていることが当たり前だからです。でも、整っていなくても、きれいでなくても、それだけで切り捨てたり、見捨てたりすることはしたくないですね。それぞれに価値がありますから。でも、もちろん無理してそれを選ばなくてもいいですよ。

人を簡単に
見捨てない。

20 居場所

不思議なカフェ

富山県砺波市に「みやの森カフェ」という場所があります。カフェではあるけど、ただのカフェじゃない。自然と人とのつながりが生まれる、とても不思議で、すごく心地良い場所です。こういう場所を、「第三の居場所（サードプレイス）」と表現するそうです。

ある時、このカフェのことを本にしたいと思いました。みやの森カフェの本をつくるまで、自分はつながりの良さを感じることはあっても、自分から積極的につながりを求める人ではありませんでした。今でもそれは変わっていない部分があります。仲のいい人たちとつながっていれば、それで十分だと感じているからです。

みやの森カフェの店主である加藤愛理子さんは、自宅の庭に小さなカフェをつくりました。誰かのためではなく、自分たちのためにです。こう言うと、自分たちだけのためのカフェだと思うかもしれませんが、逆なのです。「自分が必要としているから、同じように必要としている人もいる」と考えたのです。

「誰かの居場所をつくろう」と、はじめから考えていたわけではありませんでした。いつの間にかいろいろな人たちが出入りするようになって、みんなの居場所になりました。ごちゃまぜのカフェだけど、お客さんという立場はみんな同じです。

自然に、生きづらさを抱えている人たちも集まるようになりました。でも、このような人たちを支えようとしてつくったカフェではありません。「生きづらさを抱えている人のためのカフェです」と宣伝されても、本当に生きづらいと感じている人は行かないかもしれません。「支援してあげる」と接してもらっても、居心地はあまり良くないですからね。

半年に一回は自分もカフェに通っています。行くのに四時間くらいかかってしまうので、頻繁に行くことはできませんが、いつも行くと笑顔になります。必ず放っておかれます。不思議とお客さん同士で会話が生まれ、帰る時にはみんな笑顔になっています。

17歳　家には居場所があると言えばあるけど、今までは学校が一番の居場所だった気がする。

未来　その学校という居場所がなくなったわけじゃないけど、行くことができなくなった。

17歳　だから、自分の中で「居場所がなくなった」という状態かもしれない。

未来　他の居場所がほしいと思う？

17歳　行く場所がないのはきついから、ほしいと言えばほしいけど、そもそも居場所って？

未来　居場所は人が居る所だから、「居場所がない」は、実はおかしな表現かもしれないね。

17歳　でも、今の自分は「居場所がない」と悩んでいる。

未来　本来の意味とは違う形で捉えられているけど、「心の居場所がない」という言い方がしっくりくる気がするかもね。

17歳　そうだね。自分の心を誰と共有していいのかわからないんだよね。

未来　当時から、インターネット上でのつながりはあったよね？

17歳　あるある。匿名ばかりだけどね。自分の名前を出さなくていいから楽な所だけど、好き勝手ができてしまうところがある気がするよ。

未来　でも、みんなさみしさを心のどこかで抱えているから、やっぱり人とのつながりを求めてしまうんだよね。

17歳　一人ぼっちではいたくないからね。不安になるから。

未来　でも、誰かと一緒にいても不安になることもあるよね？

17歳　それはあるけど……。

未来　じゃあ、ネット上でつながって不安は消えた？

17歳　ううん、結局誰かと比べたり、誰かのことばに一喜一憂したりすることが多かった。

未来　誰かとつながろうとする気持ちは大事。でも、孤独は消し去るものじゃない。わかり合うものなんだ。

17歳　それは正論かもしれないけど、今の自分には無理だよ……。

未来　失敗と挫折をくり返していくと、少しずつ孤独の意味がわかってくる。そして、孤独と向き合うことは、自分自身と向き合うことでもある。それができる人は、力強く生きることができるよ。

つながりは未来をつくる

みやの森カフェは富山県だけではなく、全国各地からお客さんが来ます。ＳＮＳの広がりもあって、カフェはどんどん知られるようになりました。岐阜県に住んでいるご夫婦は、定年退職後「居場所を立ち上げたい」と、休日にこのカフェに通っていました。カフェの本には、付せんがびっしりと貼られていました。みやの森カフェから始まって、いろいろな場所にゆるくつながれる場所が増えるといいなと思います。

誰かのためと使命感を持って取り組むことも大事だけど、自分が必要としているものをつくると、自然と同じように必要な人が集まります。つながりが新しい物語を紡いでいきます。カフェを運営している団体である「Ｐｏｎｔｅとやま」の理事長である水野カオルさんと、理事である店主の加藤愛理子さんは、人とつながることを心から楽しんでいます。お二人には、どんな人にも「なにかをしてあげる」という発想がありません。

今でも、このカフェの不思議は解明できていません。日々新しいつながりが生まれていて、一言でまとめるのが難しいのです。そのつながりが、すごく心地良いのです。こんな場所が近くにあったら、きっと立ち上がれるのも早かったと思います。

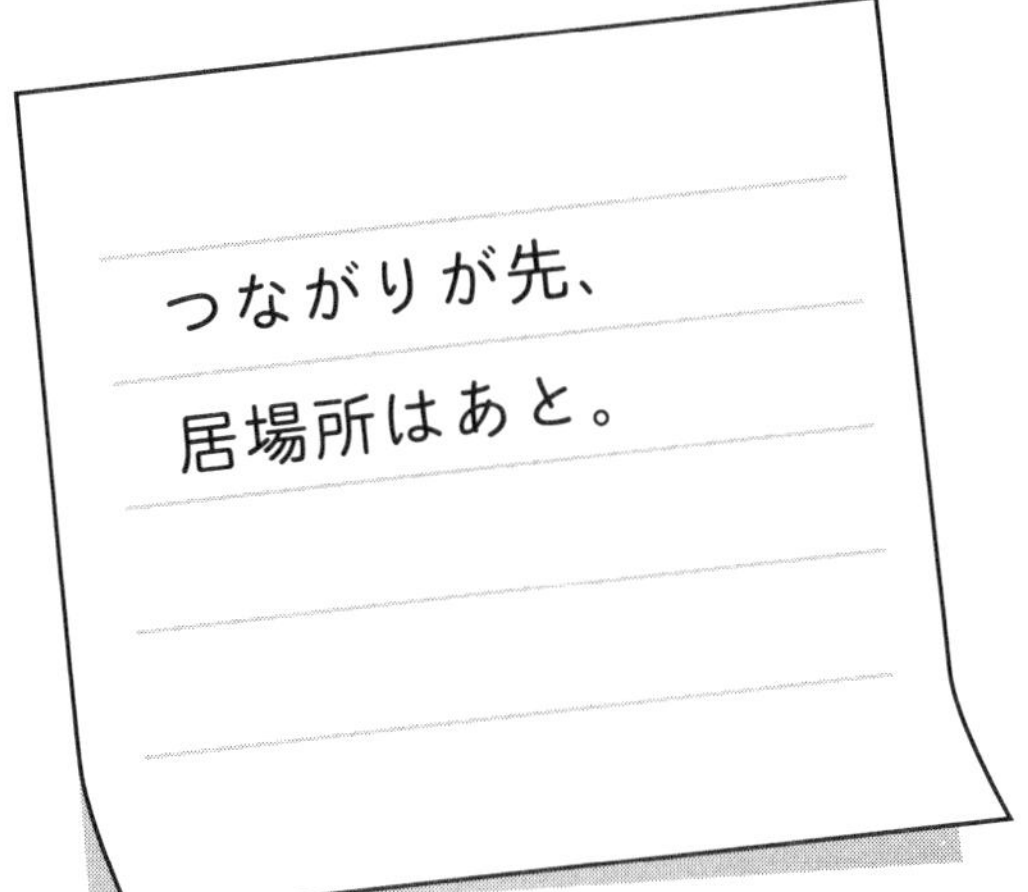
つながりが先、
居場所はあと。

21 生きづらさ

同じ人間同士

「生きづらさ」とはなんだろう。このことばはいつから使われ始めたのだろう。このことばが出てきたことによって、「生きづらい人」になってしまったのかもしれないけど、このことばが、人とのつながりを生んでいることもあるので、良い面もあり、あまり良くない面もあります。

人とつながる時は、きっかけがあります。つながりが生まれる時は、共通のものがあります。だから、学校や職場であれば、どんな関係であれ、つながることはできます。

つながりがないというのは、やっぱりさみしいし、頼りないのです。「わかる、わかる」と共感してくれる人がいてくれると、なんだかホッとするものです。自分だけで人生を完結することはできなくて、共に歩む仲間が必要なのです。

生きづらさをきっかけにつながった人たちが集まり、「つらい、つらい」と一緒に言い合う時間も必要だし、「これから、どうしよう」と、一緒に悩むのも大事です。もちろん、それが合う人もいるし、合わない人もいます。それでも選択肢は多くあったほうがいい。一人ひとりの力は弱いですが、弱い力が集まれば、強くなれることもあります。

元々、誰もがなにも持たずに生まれてきたはずです。その弱くて頼りない命を、たくさんの人たちの力を寄せ集めて、一人の人間が育っていく。今ある命は、決して一人だけで育んできたものではないのです。

同じきっかけでつながっても、すべて共感できるとは限りません。それぞれの持つ生きづらさも違います。誰よりも長い時間一緒にいた人たち同士であっても、はじめて知ることは多いものです。きっかけは、探すものではなく偶然見つかるものです。今でもつながり続けている人たちは、たまたま出会った人たちです。不思議を楽しんでいくのが、人生なのかもしれませんね。

未来　そっか。そう言えば、「生きづらさ」ってことばは、最近よく聞くようになってきただけで、当時はそのことばはあったのかもしれないけど、日常の中で使うことはなかったかもな。

17歳　うん、一回も使ったことはないし、聞いたことがない。

未来　社会が変わってきたのもあるけど、このことばがなければ、余計な悩みも生まれないのかもしれないな。「生きづらさ」ってそのままの意味で、生きるのがつらいとか、生きにくいってことだよね。

17歳　生きるのがつらいとは感じている。ずっと生きづらいままなのかな？

未来　いや、そんなことはないはずだよ。人にもよるけど。今は、生きづらいとか生きやすいとか考えながら生きていないからね。

17歳　じゃあ、なにを考えて生きているの？

未来　なにを考えているんだろう。一日、一日を、生きることしか考えていないかな。

17歳　先のことは考えていないの？

未来　先のことを考えすぎて、不安を生み出して悩んだ経験があるから、あんまり考えないようにしているかな。

17歳　まさに今が、先のことを考えすぎている状態だよ……。

未来　その経験をしないことも大事だけど、経験したあとにそこからいろいろなことを学んでいくことがなにより大事なんだ。

17歳　この経験は無駄にならない？

未来　無駄にはならないよ。無駄にしてはいけないんだ。自分なりに精一杯生きてきた道のりを否定するのは、自分に失礼だからね。

17歳　今はそんなふうに考えられる心の余裕はないけど、なんだか少し希望が持てた気がする。

一時期、東京の五反田駅近くにある串揚げ屋さんに通っていたことがありました。店主一人とカウンター八席。こぢんまりとしたお店でした。常連のお客さん同士は、待ち合わせをしていなくても、不思議と仲良くなりました。一人でお店に来る人がほとんどで、それぞれがなにか悩みを抱えていて、リラックスしたくて通っていました。そもそも、悩みを抱えていない人はいません。息抜きをしたり、誰かとおしゃべりしたりすることで、明日に備えているように見えました。自分もその中の一人です。

がっちりとした集まりだと、ルールなどがあり、心が不自由になることもあります。もちろん、ルールがあったほうが話しやすい人もいるので、どちらも必要です。選択肢があることで自由になります。

必要なものを選ぶというのは簡単そうで難しいことです。でも、合わないと思ったら、すぐに他の選択をすればいいだけなのです。まわりの目を気にして続けていても、自分自身がつらくなるばかりですからね。「自分の人生」という原点を決して忘れてはならないのです。自分で決めることは、勇気も覚悟も必要だから面倒ではあるのですけどね。

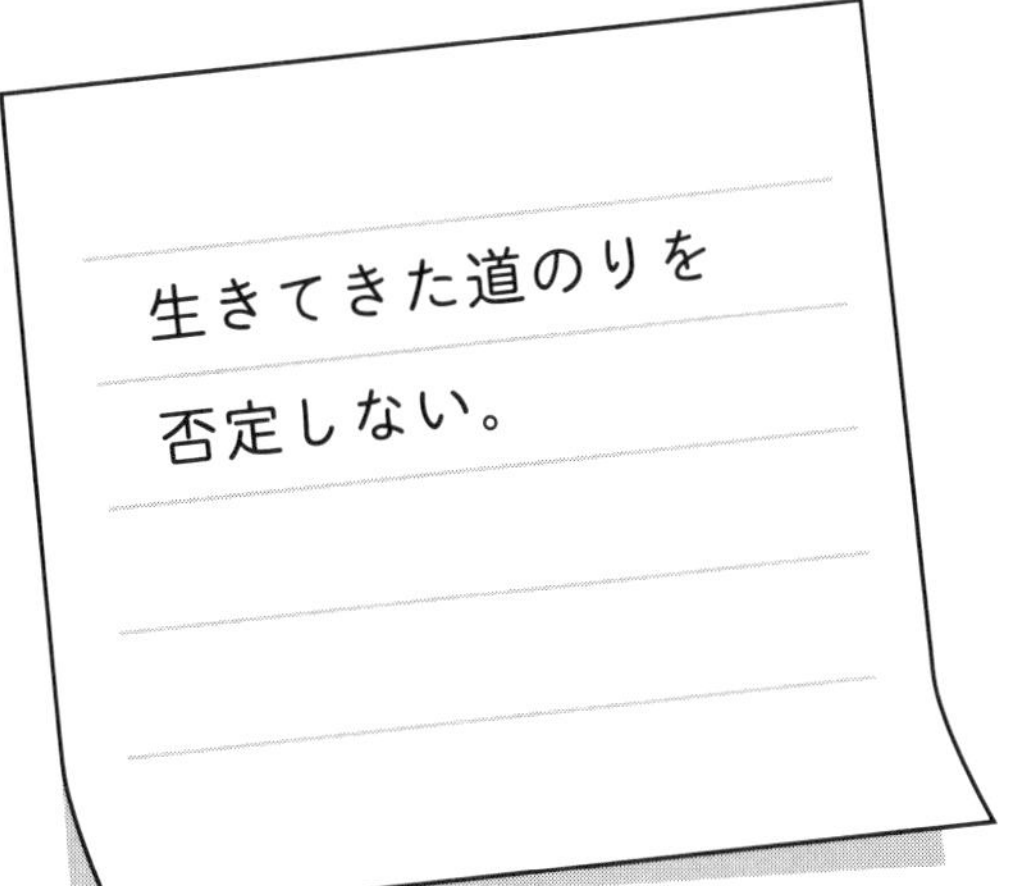
生きてきた道のりを
否定しない。

22 残された時間

「死にたい」

あらゆる葛藤や後悔を、十代後半の時にまとめて経験しました。それが良かったのかどうか、正直わかりません。終わり良ければすべて良しと言うけれど、まだ人生は終わっていないし、人生は続いていきます。いや、それは自分の勝手な想像であって、命はいつ始まって、どこで終わるのか、自分の意思ではどうにもならないこともあります。

自分の過去のことを知ると、多くの人たちは「つらい状況を乗り越えてきた人」と考えるかもしれません。人それぞれ考え方があるので、捉え方は自由です。でも、乗り越えてきたわけじゃないのです。逃げ回って、袋小路に迷い込んで、自分と向き合うしかない状態に陥ったのです。

それで、何度も死を意識しました。「死にたい。だけど、死ねない」と、生きることなど考えないで、ただ死ぬことだけを考えていました。それを引き留めたものの一つに、中学生の時の同級生の死がありました。バイク事故でした。七夕の日に、その子の命は止まってしまいました。悲しいけど、時間がたてば、一人、二人といなくなっていくことがあります。生きていれば、深い悲しみが一つ、二つと増えていきます。しかし、人間はいつかこの世の中からいなくなるようにできています。それは誰にも止めることができません。

「死にたい」と何度も叫んでいた自分が生きていて、どうしてその子の命は奪われなければいけなかったのか。「なぜ自分ではなく、その子だったのか」と、何度も思いました。その子は死にたいなどと思っていなかったはずです。

今は、のんびり生きてしまっているけど、生きているというのは当たり前のことじゃないと感じています。朝起きて、身支度をして、どこかへ出かけて行く。日が落ちて、家に帰って、夕ご飯を食べて、眠りにつく。そんな日常が当たり前の時ほど、今ある命に目を向けてみることも大切かもしれません。「当たり前」は、実は当たり前じゃないのです。

未来　一年後、みんなが高校三年の時、本当にいろいろなことが起こった。これからのことを決める時期だからね。

17歳　進路を決めるって、簡単じゃないもんね。

未来　なにかを自分で決めるには、生きている必要があるよね。

17歳　うん。命がなくなってしまったら、自分そのものがなくなってしまうからね。

未来　来年、身近にそういう人が出てしまうんだ。

17歳　なにが起こるの？

未来　聞きたい？

17歳　怖いけど、聞きたい。

未来　それなら伝える。中学生の時に同じ部活だった子が事故で亡くなってしまうんだ。

17歳　まさか。そんなわけないでしょ。

未来　本当のことなんだ。七月に、バイク事故で亡くなる。

17歳　どうして……。

未来　無茶な運転をしていたわけじゃないんだけど、他の車がぶつかってきたみたいなんだ。

17歳　……。

未来　今でも、事故があった交差点を通ると、その子のはにかんだ笑顔を思い出す時がある。だから、肉体はなくなっても、ちゃんと誰かの中で生きているんだ。

17歳　じゃあ、死んでも生きているってこと？

未来　だからといって、自分から命を終わらせていいということじゃない。

17歳　人の命って、なんだろうね。

未来　生きるって、なんだろう。考え続けているけど、なかなか答えが出ないものだよ。

17歳　その時、自分はどうしていたの？

未来　二校目の定時制高校に通い始めたけど、結局すぐに行けなくなっちゃったんだ。それで家にいた時にニュースで知ったんだ。「なんで元気に学校に通っている子の命が奪われて、自分はのうのうと生きているんだ」と、自分をひどく責めたんだ。

17歳　……。

自分で奪う

命はそこにあるだけで十分価値のあるものです。もちろん、命がなくなってしまったら、それで価値がなくなるわけではありません。生まれた瞬間から、自分の命は、自分だけでは完結できないようにできているのです。

この自分という存在で生まれた理由はなんなのか、生まれてきた意味があるのか、自分はどこへ向かうのか……まだ知らないことはたくさんあるけど、今生きていて、誰かと泣いたり笑ったりできる時間そのものが、誰かの心に足跡をつけていきます。その足跡は、自分が確かにここにいた証です。命が消えても、誰かの心にはちゃんと残っています。

みんなそれぞれ、死へと向かって歩みを続けています。だからといって、自分で命を早く終わらせていいわけではない気がします。十代の時に自分がこの世からいなくなっていたとしても、十年後、二十年後の未来に大きな変化はないかもしれません。それでも、やっぱり生きていることの喜びを存分に味わってほしい。まだ出会っていない人たちと未来を紡いでいってほしい。それから、また死について、考えてみてもいいのかもしれません。

自分で自分の命を奪うと、誰かと出会う機会も、自分で奪ってしまうことになるのです。

当たり前じゃない。

親の笑顔は、
子どもの光。

焦らなくていい。

慌てなくていい。

急がなくていい。

職業が、
その人の一部として
根づいていく。

4 考えてみよう

一緒に、
段差を
乗り越えよう。

自分以外の誰かを、
一人でも
幸せにできれば、
それでいい。

ことばは、
生きる力を
くれる。

23 心の段差

優先席

十年くらい前、事故で第三腰椎を骨折しました。二回手術して、それぞれ一カ月ずつくらい入院しました。忙しそうに動き回っている看護師の人たちが病室を行き来する中で、寝ながらパソコンを開いて仕事をしていました。退院してからが、不安でした。ロフストランドクラッチという杖を用意して、ゆっくり移動していました。松葉杖と違って腕に取りつけることができ、少しラメが入った青色でとてもおしゃれなものです。

そのころの家の最寄り駅までは、歩くと十分くらいかかりました。もう一つの駅は遠いのですが、駅までのバス停がすぐそばでした。バスはノンステップバス（低床バス）で、杖をついていても乗りやすかったです。問題は電車でした。満員電車は、避けなければなりません。動くのが遅いので、他の人たちに迷惑をかけたくありません。電車のドアが開いている時間はとても短いのです。そして、電車に長時間乗っていると足の踏んばりがきかなくなってきます。退院後も痛みはまだ残っていました。たまに転んでしまうこともありました。起き上がる時には強い痛みがあり、座っていたほうが安全でした。

しかし、電車はいつも混んでいました。座席が空いていることもあまりありません。そういう時のために、「優先席」が設置されています。杖はついているけど、見た目はとても健康そうに見えたと思います。優先席の前に立つのにも勇気が必要でした。自分より年上の人に譲られると、申しわけない気持ちになりましたが、痛みに耐えてあとで他の人に迷惑をかけるより良いと考えました。でも、長い時間座っていると、腰が固まってしまい思うように立つことができないのです。思うように立てなくて、降りたい駅で降りられないこともありました。

こういう時に、「手を貸してもらえますか?」と助けを求められれば良かったのですが、相手のこともわからないし、気軽に声をかけることはできませんでした。

17歳　だけど、どんなにがんばったって、まわりの人たちはどんどん大人になっていく。経験を積んでいく。自分は子どものままで、未熟なまま。この遅れは取り戻せないよ。

未来　同級生たちのことを本当に知っている？

17歳　ある程度は。

未来　知っている気になっているだけかもしれないよ。学校ではニコニコしていても、家に帰れば泣いている子だっているんだ。

17歳　その子たちは強くて、自分は弱い。

未来　そんなことはない。みんな強さを持っているけど、やっぱり弱い存在なんだよ。まだ十代だしね。

17歳　でも、それを見せない強さがあるじゃない？

未来　弱さを見せることができるのも、強さだよ。

17歳　弱さを見せることがなんで強さになるの？、弱い証拠でしょ。

未来　人とつながるには、なにが必要だと思う？

17歳　同じ趣味があるとか、部活が同じだとか？

未来　そういうのもあるけど、人とつながるには弱さが必要なの。だって、本当に強い人だったら、人とつながる必要なんてないでしょ。弱いから相談するし、話を聞いてもらう。人とつながって強くなれるの。

17歳　それじゃ、自立なんてできないんじゃない？

未来　自立とはなんでも自分でできるようになることじゃない。そんな人生つまらないじゃない。弱さを補い合える人と一緒に歩んでいくんだよ。誰かの力になろうとするから、自分で立つことができるんだ。

17歳　そっか。このままじゃ自立できないってずっと焦っていたけど、一人じゃ自立できないんだ。

未来　そう。君は先のことを考えすぎなんだよ。

17歳　あなたに言われると腹が立つ。

未来　そりゃそうだ（笑）。

それぞれの段差

知人に、車イスラグビーの元日本代表選手がいます。ある時、一緒にご飯を食べてから、駅の中を移動しようとしました。エスカレーターを車イスで上り下りするのは危ないので、電動リフトを使って運んでもらったり、スロープがある時にはそちらを使ったりします。

車イスで移動できない場所で、手を貸してくれる人がいました。その人は、介護（高齢者・病人などのお世話をすること）の経験があり、とても慣れた様子で車イスを押してくれました。でも、車イスに乗っている人は一人ひとり違います。他の人は怖くなくても、本人は怖いと思うこともあります。自分から見ても、とても怖そうに感じました。

こちらから、「こうしてもらいたい」と伝えるのは、なかなかできません。なぜなら、「してもらっているから」です。一言、「これで大丈夫ですか？」と、聞いてくれるとありがたいのです。

手助けをする、受けるという関係じゃなくて、一緒に段差を乗り越える関係なら、言いやすくなります。はじめて会った人だとすぐには難しいかもしれないけど、階段だけじゃなくて、「心の段差」もなくすことができると、みんなが過ごしやすくなりますね。

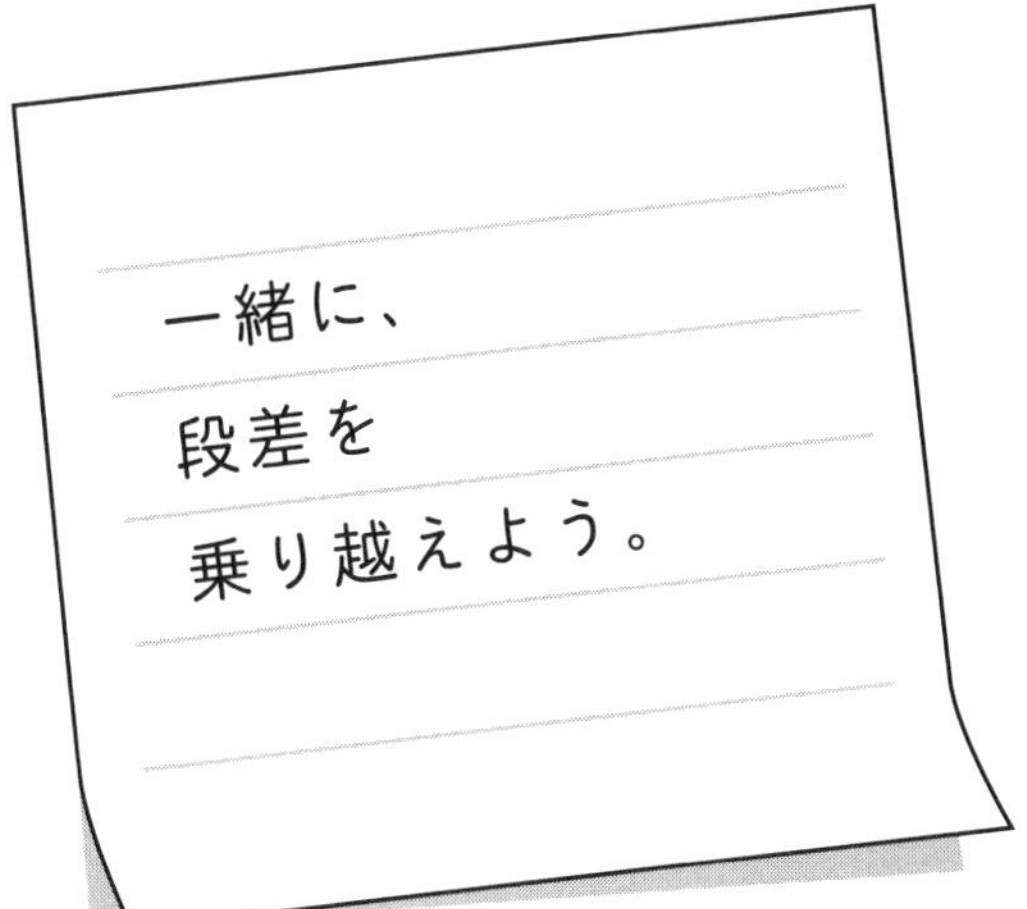
一緒に、
段差を
乗り越えよう。

24 自分を変えたくない？

役割

東京に出たばかりのころ、上野駅で二十代後半の男性に声をかけられ、雑居ビルで待ち合わせをすることになりました。そこは、仕切りで分かれている席が多くありました。紹介された人から、「あなたは、これから日本に必要な人材になる」と言われました。

少しうさん臭く感じましたが、そのまま話を聞いてみることにしました。将来有望な人に必要な教材があると言うので、仕切りがある席で、ビデオ鑑賞することを勧められました。感動的なＣＭであったり、よくわからない講義だったりしました。

ある日連絡があり、合宿があるとのことでした。「神様」ということばが多く使われていたので、うすうす気づいていましたが、興味本位で行くことにしました。合宿に行くと、講義があったり、合唱があったりしました。この合宿は、悪いものではないと思いましたが、なにか不気味なものを感じました。自分は神様を信じていないわけではないけど、見えないものばかりを追うのは危険に感じました。

そのころは、精神的に不安定な時期でした。この得体の知れない不気味さに耐えきれなくて、逃げ出すことにしましたが、すぐに見つかってしまいました。その人たちに、「世の中や自分を変えたくないの？」と聞かれました。その時の自分は、「ノー」と言えなかったけど、許可を得て帰宅することにしました。あの時に一緒だった人たちは、世の中を変える人になっているのかな。

自分は、親から「がんばれ」と言われた記憶がありません。それは、「いつも人一倍がんばるから」というのが理由でした。

良くも悪くも一人で勝手に責任を感じて、一人で突っ走ってしまうところがありました。学級委員を任されることがあったので、与えられた役割を全うしようと必死だったのかもしれません。

未来　人からのことばに、左右されることが多かったね。

17歳　そうだね。人から言われることに、一喜一憂することが多い。

未来　それは、今でもそうかもしれない。でも、自分の軸みたいなものができてきて、ぶれることは少なくなったかな。

17歳　今は、軸と呼べるものが自分の中にない気がする。

未来　もちろん、そんなに簡単にできるものじゃないけど、年輪を重ねていくことで、それは強く太くなっていく。

17歳　焦らなくても、自然にできていくものなのかな？

未来　そうだね。生きることに必死になっている間にできあがってくるものだよ。

17歳　それを聞いて安心した。自分の意思があまりなくて、悩んでいたからね。

未来　でも、自分が考える自分と、まわりが考える自分とは違いがあったよね。

17歳　うん。中学生のころからそれは感じていた。

未来　多分、まわりの人たちは自分に意思がないとは、感じていなかったけどね。それは言い方を変えると、まわりの人たちはそんなに他の人に興味がないとも言える。だから無理して背伸びをしなくても、良かったりする。

17歳　それも、なんとなくわかっているつもり。まわりが思っている自分と、自分が思っている自分は全然違った。

未来　まわりからはしっかりしているように見えていたもんね。

17歳　「しっかりしているね」と、いろいろな人から言われると、「しっかりしていないといけない」と、自分に言い聞かせていた。

未来　まわりの人も「中学生のわりに」と言うだけだから、まだまだ子どもだなって感じたこともたくさんあったと思うよ。

17歳　単純にうれしかったんだ。期待と言うと大げさだけど、しっかりしていない面を見せないように仮面をかぶっていた。

未来　それを責める必要はないよ。自分なりに、小さな期待に応えようとしていただけなんだから。

世の中を変えられなくても

一年間だけ、石川県の金沢市に住んでいたことがあります。神様の話を聞いてから少しあとの話です。マルチ商法（加入者が他の人を次々と組織に加入させることにより、販売組織を拡大させていく販売方法）をしている人から声をかけられました。自然にやさしい洗剤などの話だったと思います。

特に興味はなかったけど、同じように「世の中を変えたくないのか？」と言われました。一度、大先生がお見えになると言うので、千人くらい収容できる大ホールで講演を聞きました。満員でした。会場は、参加者の熱気にあふれていました。その先生の話は、情熱的で話も上手でした。しかし、参加者の多くは地球環境ではなく、お金がほしいように見えました。地球にやさしくて、お財布も潤う素晴らしい仕組みのようです。これもなんとか断りました。

世の中を変えられなくても、一人でも自分以外の誰かを幸せにできれば、それでいいと思ったからです。身近な人を少しずつ幸せにできたら、きっと世の中は暗い表情から、明るい笑顔へと変わっていくはずです。

自分以外の誰かを、
一人でも
幸せにできれば、
それでいい。

25 ことば

読書

本が読みづらい子に、「本なんて読まなくていいよ」と言う人がいます。読むことで疲れ切ってしまっていたら、なんとかしたほうがいいのだけれど、読みたいと思っている子に「読まなくていい」と言うのは、無神経な気がします。

悩みは、さまざまな人と会うことで、解決の糸口が見つかることもあります。でも、同じことを相談しても、返ってくる答えはさまざまです。どれを取り入れていいのかわからなくなることもあります。大人は子どもに、「気軽に相談して」と言いますが、ことばをたくさん使って伝えないといけないので、とても大変なことなのです。そういう時、本は良き相談相手になってくれることがあります。

自分の気持ちや悩みを伝えるのは、簡単そうで難しいものです。うまく伝えることができないと、眉間に少しずつしわが寄ってくる相手もいます。ことばがまとまるのをなかなか待ってくれない人もいます。でも、そのモヤモヤとしたものをことばにして返してくれる人と出会えた時は、うれしくなります。でも、そのことばを忘れてしまうこともあります。本だと何度でも、自分のペースで開くことができます。

文字を読む方法は、自分で声に出して読む「音読」、声に出さないままで読む「黙読」などがあります。それが難しい人は、誰かに読んでもらう「代読」、パソコンやスマホなどの機械を使って文字を読み上げてもらう方法もあります。

機械に読み上げてもらうことで、人に迷惑をかけずに文章を読むことができて楽なように思えるけど、慣れが必要なのです。スピードやテンポ、聞きやすい声など、自分で調整することが大切です。

それに、耳だけをずっと使っているのも疲れてしまいます。自分で読むより理解しやすいけど、練習を重ねていかないと読み終えることができないのです。

17歳　ひきこもり生活の時、なにか影響を受けたことはある？

未来　正直多くはないかな。単調な日々のくり返しだったから。自分の都合のいい時間に起きて、食べて、眠るだけの生活。テレビばかり観ていても、同じニュースのくり返し。学校にいる時間に見ることができなかったワイドショーは勉強になった。夕方にやっていたドラマの再放送にも影響を受けたかな。

17歳　ドラマの再放送？

未来　『やまとなでしこ』（二〇〇〇年）は、すごく良かった。出演者も設定も主題歌もだけど、人の心をつかんで離さないセリフがあることを知った。脚本家の力だね。もちろん、こんなふうに脚本を書くことはできないんだけど、ことばの力は人の心を動かすということを教えてもらった。元からことばについて興味はあったんだけど、洗練されたことばを自分も使いたいと思うようになった。

17歳　それがきっかけで外に出られるようになったの？

未来　そうであったら良かったんだけどね。現実は、ドラマのような展開にはならなかった。

17歳　でも、ことばの力を信じるきっかけにはなったんだよ。二〇〇一年に起きた、「アメリカ同時多発テロ事件」の様子をテレビでリアルタイムで観たよね。あの時は、現実のものとは思えなかったよね。

未来　とにかくテレビの前にいることは多かったよね。

17歳　映画のワンシーンを観ているかのようだった。

未来　今でもそう。学校に行けない不安というより、勉強が遅れる不安をかき消すためにテレビにかじりついている。

17歳　テレビから学んだことは多いけど、一日テレビを観ているのはつらいよね。

未来　でも、それしかできることはない。

17歳　今だったら、スマホでいろいろと調べることができるからな。

未来　スマホってなに？

17歳　携帯電話の進化バージョンだね。スマホの登場で、より深くニュースを知ることができるようにもなった。

ヒント

昔から詩がとても好きでした。短いことばから人それぞれの解釈ができて、はっきりとした答えがないからです。人と比べる必要もありません。今の自分にピタッと当てはまることばを見つけた時は、うれしくなります。文字が自分に寄り添ってくれることもあるのです。ことばには、不思議な力が宿ります。人の歩幅にぴったりと寄り添うことができることばもあります。その人の最適な時期に心に届くようにできています。それを感じるのは自分自身です。その感性がなければ、どんなことばも通りすぎてしまうのです。心を動かすことを止めた時、人は人としていられなくなる気がします。

今は、インターネットで文字を読む人が増えてきました。自分もその中の一人です。情報はすぐに手に入るけど、「話題についていけないと困る」と、仲間はずれになるのを怖がって、無理して情報にしがみついている部分もあるのではないかと思うのです。図書館もあるし、書店もあります。今はインターネットでも購入できます。電子書籍ならすぐにダウンロードできて、持ち運びも楽です。

人を豊かにしてくれる本。生きるヒントをくれる文章。読書も一つの出会いです。

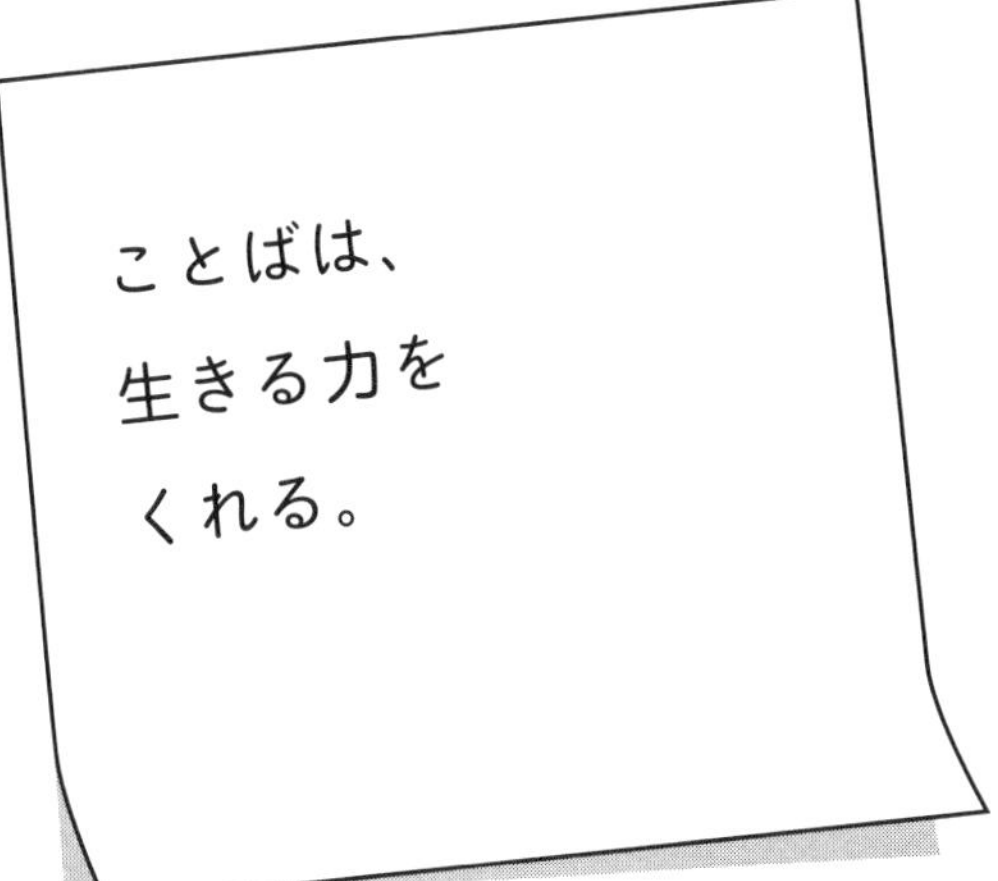
ことばは、
生きる力を
くれる。

26 笑顔

諦め症候群

発達障害ということばが広がるようになってから、「そのうちなんとかなる」と楽観的に考えていた親は対応を迫られるようになりました。「早期に発見しないと大変な未来が待っている」と全国で言われるようになり、不安を抱える親はどんどん増えていきました。日本のどこで暮らしていても支援を受けられるように、国が号令を出し始めました。ところが、親が必死で動く度に問題が増えていく子どもが出てきました。そして、いろいろな対応に追われて、親の笑顔が消えていったのです。

忙しくて眉間にしわが寄ってくることもあります。とげとげしいことばが出てくることもあります。子どものことを思って動いているのに、なぜでしょうか。

スウェーデンに避難した難民の子どもたちは、先の見えない不安から、こん睡に近い「諦め症候群」というものにかかり、自分を守ったそうです。子どもたちは、スヤスヤと眠り続けていて、一年以上も同じ状態の子もいます。

「諦め症候群」という名前はついているけど、親は決して諦めていません。でも、自分の国に無理やり戻されることに怯えている状況では、親も安心して日常生活を送ることは難しくなってきます。

親の不安や苦しみが和らいでいくと、自然に目を覚ますようになる子もいます。移住許可が出たり、親にフルタイムの仕事が見つかったりすると、それまで眠り続けていたことがうそのように、元気な姿を取り戻します。親や医師の献身的なサポートもあって、長い眠りから覚めたあと、元の日常に戻ることができます。

親が言い争いをしていなくても、親の不安は子どもの心と結びついています。子どもの心は、親の精神状態も映し出します。親の心の在り方によって、子どもに変化が現れてくることもあるのです。

未来　最初の全日制高校から定時制高校に移る時は、虚無感でいっぱいだったよね。無駄にはなっていないけど、遠回りをしすぎたかも。

17歳　悲しいというより、さみしいって感じかな。学校の友だちと一緒にいる時間は好きだったし……卒業アルバムにみんなと載ることができないのは、やっぱりさみしい。

未来　卒業アルバムなんて、大人になればほとんど見ることもないけどね。

17歳　それは、冷たすぎる言い方だと思う。写真に写らない大切なもののほうが多いのかもしれないけど、やっぱり残るものがあるとうれしいものだと思うけど。

未来　ごめん……。自分自身と対話していても、わからないことも多くあるね。

17歳　わからないんじゃなくて、多分忘れているんだと思うよ。

未来　そうかもしれない。過去を捨てたわけじゃないけど、忘れながら生きているのかもしれないね。そう考えると、過去の自分のこともわからないんだから、人を理解したり知ったりするのはすごく難しいことだね。

17歳　でも、それでも理解しようとしたり、知ろうとしたりすることが大切なんでしょ？

未来　そうだね。わかった気になったり、途中で諦めたりしてしまう人もいるけど。

17歳　**自分の親は諦めてはいないけど、はじめてのことばかりで戸惑っている気がする。**

未来　親だから言えないこともたくさんあるし、親も子どもだから言えないことがある。でも、お互いに眉間にしわを寄せているより、笑顔でいられるにはどうしたらいいか考えてみたいね。

17歳　**考える余裕なんてないんだけど……。大人になると、できるようになるの？**

未来　そう簡単なものではないけど、自分や目の前にいる人と向き合い続けていくこと。それができなくて避ける時もあるし、わかり合えないこともある。それでも、絶対に諦めてはいけない。どれほどの時間がかかるのかはわからない。それでも、確かに夜は明けるようにできていると知ることができた。それは、教えられるものじゃないけど、今こうして笑っていることがなによりの証拠かな。

17歳　**もう一度、小さい子どものころのように無邪気に笑えるかな？**

未来　うん、大声で笑える日がくるよ。だから安心して、もがいていいんだよ。

子どもにとって、必死になってくれる親の存在はありがたいと思いながらも、「そこじゃない」と言えずにいることもあります。子どもが求めているのは、新しい情報でも支援でもなく、親の笑顔であったりします。穏やかに話をしている親の姿を見つけると、なんだかホッとするからです。

障害のある子どもがいる知人は、月に一回は必ず、好きなアーティストのライブに行って楽しんでいます。その間、子どもはショートステイ（短期入所）をして、まるで別荘に来たかのように楽しんで家に帰ります。最初は親子共に不安なこともありましたが、親が楽しむことは子どもの喜びにもつながることを肌で感じたようです。

親と子どもは、家族であっても、別々の人生があります。それぞれ楽しみを持つことで、家族としての力も大きくなっていくのです。親の楽しみが増えていくことで、子どもの不安も問題も減ってくるのです。

ずっと笑顔でいるのは、誰でも難しいことです。そうあれたらいいのですけどね。親の笑顔は、子どもの未来を照らしてくれる光です。

親の笑顔は、
子どもの光。

27 何者か

名前

「自分とは一体何者なのか」、日々そんなことを考えながら生きている人は、それほど多くないと思います。しかし、自分が一体何者であるのか、説明できる人もまた多くありません。考えながら生きていなければ、説明できないのは自然なことです。

「もし、違う自分に生まれていたら……」と考えても、この自分に生まれた以上は嫌いでも好きでもこの自分で生きていくしかありません。どの自分がいいかより、この自分でどう生きるかが大事なのです。自分は自分ですからね。

【不登校】、【ひきこもり】、【精神障害】、【発達障害】、全部今までに自分についた名前です。この名前があることで、説明しやすいし手助けを受けられやすくもなります。でも、名前が増えていく度に、自分は一体なんなのかわからなくなっていきました。この名前を使わずに説明しようとすると、自分というものを説明できない時期がありました。情けないと感じてしまいます。

今でも、「あなたは何者?」と聞かれても、答えに困るところがあります。でも、勝手に決めつけられるのも困るのです。ワガママですね。「つらい人生を送ってきた人」と思われるのはイヤでした。自分とかかわってきた人が大勢いるわけで、そのすべての人との時間がつらかったわけではないのです。

不登校の経験者から、学校の先生の批判を聞くことがあります。本人は、学校の中でつらい思いをしてきたのだから正直な気持ちなのだと思います。不登校を経験したという事実は同じでも、そこで感じてきたものは、自分とは全然違う感覚でした。自分は、まったく共感ができませんでした。

これは、自分の感じ方なので、どちらが正しいとか間違っているということではありません。同じ名前がついても、感じていることは違うのが当たり前です。

未来　自分が何者かわからない？

17歳　「何者？」と聞かれたのははじめてだし……でも、自分って何者なんだろう……一言で言えるものってこと？

未来　うん。君は今、高校二年だよね？、じゃあ、「高校二年の人」でいいのかな？

17歳　自己紹介する時はそういう表現はしないかな。「〇〇高校」って言うのが普通だし。

未来　学校に所属していると、人に説明しやすいよね。説明しにくいことってある？

17歳　精神科に通っていることは、すごく説明しづらい。病院に通っているとは言えるけど、精神科に通っているなんて絶対言いたくない。変な人だと思われる。

未来　精神科に通っている人は、みんな変な人なの？

17歳　そういうわけじゃないけど……。

未来　でも、そう思うのも無理はないよね。どんな場所か、ほとんどの人が知らないからね。

17歳　どういう反応されるか、ちょっと怖いんだよね。でも、不登校になってから同じクラスの子たちには「うつ病と診断された」と、担任の先生を通して伝えた。

未来　心配かけたくなくて言いたくなかったけど、伝えないほうが心配されていたからね。すべてを表してはいないけど、名前がないと伝えられないことって案外多いんだ。

17歳　名前がないとだめなの？

未来　そういうわけじゃない。でも、社会の中では氏名以外に名前があったほうがいい時が多い。つまり、「肩書き」だよね。これは、自分自身の証明書みたいなところがある。君は、これから一度高校を辞めてアルバイトもせずに肩書きがない状態になる。

17歳　「無職です」とか言っていたの？

未来　「病気療養中」とか言って、うまく切り抜けていたかな。

17歳　肩書きで人を判断するって、なんかイヤだね。

未来　会話のきっかけや、早く相手を知る方法は肩書きだからね。人は、どこの誰だかわからないと不安だから、証明書を求めるんだ。そんなのなくても、安心できる関係が一番だけどね。

なぜ、なんのために

病気や障害の名前だけで、自分が何者であるかを示すのは難しいことです。ひとくくりにされてしまうのも、おかしなところがあります。「学生」、「サラリーマン」、「専業主婦」、普段よく聞くことばでも、わかるようでわからないことばってたくさんあります。

はじめて会う人とは自己紹介をし合うのが一般的です。「○○中学の△△です」、「○○株式会社の△△です」など。でも、もしも「○○」がなかったらどうなるでしょうか。どこにも属していないと、自分のことを紹介することは案外難しいことです。

なにかをしている人じゃないといけないのかと言ったら、そんなことはないけど、健康な人は働くのが当たり前で、学校に行くことが当たり前だと思う人が多いのです。もちろん、働かないとお金をもらえないし、学校に行かないと勉強がなかなか進みません。

「自分とは一体なんなのか」、「なぜ生まれてきたのか」、「なんのために生きるのか」、答えはなかなか出ません。でも、何者でもなくても、誰かと一緒に生きていたいですからね。どこかに属することも大事だけど、どこにも属していなくても、安心して生きられる場所ができると、安心して人とつながることができます。

この自分で、
どう生きるか。

28 焦って、急いで

等身大

高校を三回変え、結局四校目の通信制高校で卒業しました。すでに二十一歳になっていました。「まわりの子たちに追いつかなきゃ」と、焦りに焦っていました。

全日制高校と定時制高校しか知らなかった自分に、通信制高校のことを教えてくれた人がいました。その人は、同じ新潟県内の公立高校で不登校になりました。大きなストレスを抱えて、円形脱毛症になっていました。そして、通信制高校に編入し、その学校の校長先生との出会いによって、すっかり元気を取り戻しました。

通信制高校という学び方を知った自分は、その校長先生に会いに行きました。とても感じが良く、柔軟な姿勢に好感を持ちました。「このような先生のいる学校だったら、自分にも行けるかもしれない」と思い、その学校に入ることにしました。

体調を崩していた時期だったので、通信制高校だけの勉強に専念すれば良かったのですが、サポート校にも入って、まわりから遅れを取らないように必死でした。「こんなに急いでどうするの?」と、今の自分でも思います。それでも、ペースをゆるめたらまわりの子に一生追いつけないと焦っていました。結局、すぐにサポート校には通えなくなるし、通信制高校のレポートも提出できなくなるし、散々でした。空回りをくり返していました。

自分は、なにと闘っていたのか……まわりの子とは、一体誰のことなのか……。

本当は、向き合わないといけなかったのは自分自身でした。同級生たちのように高校を卒業できていない自分、将来のことがなにも描けていない自分から逃げ回ろうとしていました。それでも、どんなに逃げ回っても自分と向き合わなければいけない時期は訪れます。どんなに情けなくても、弱くても、この自分で生きていくしかない。

それならば、覚悟を持って自分とにらみ合う。決して目をそらさない。そこから、自分との闘いが始まりました。

未来　中学二年の時に、手首を疲労骨折したことがあるよね？、手術をして、完治まで三、四カ月かかった。その間、利き手の右手は使えないから、勉強も部活も左手だけでしていたけど、今みたいに悩むことはなかったんじゃない？

17歳　いろいろなことに時間がかかって、イライラしたことはあったけどね。あんまり深く物事を考えていなかったかも。

未来　その時、「学校に行けない」とか「行きたくない」という感情は出てきた？

17歳　うーん。「行きたくない」というのは何度かあったと思うけど、そんなに多くなかった。「行けない」というのは、風邪とかの病気以外では一回も思ったことがない。

未来　でも、高校では骨折したわけじゃないのに行けなくなった。

17歳　中学生と比べると、「子どものままじゃいけない」という意識が強くなってきていた気がする。大人に近づいてきているしね。将来なにになりたいかも決める必要が出てきた。中学生のころは大人になるまで、まだまだ時間があると思っていたし、大人になるということがどんなことかよくわからなかった。だけど、十七歳になると、大人になるまでのカウントダウンが始まっている感じがした。中学生の時は将来のことを漠然としか考えていなかったけれど、高校生になると同級生たちは徐々に進路を決め始める。自分はなにも決まっていなくて焦り始めていたけど、無理やり決めることに違和感もあった。でも、自分の意思より、まわりの子たちからはぐれないように必死だった。

未来　今思えば、そんなに焦らなくても良かった気がするけど、それが当時の感覚だよね。大人からは「焦らなくてもいい」と言われても、焦っちゃうんだ。未熟と言えば未熟だけど、それが十代ってものなんだよ。

17歳　焦らずに、ドンと構えている人もいるけどね。

未来　それは人によるから、この人が正解でこの人が不正解ということじゃない。そもそも、人生に正解なんてものがあるのかわからない。それに、流されることのすべてが悪いことでもない。まわりにつられて動き出すことができるからね。自分だけでは動き出せないこともある。

大人になってから、茨木のり子さんの「時代おくれ」という詩と出会い、ハッとさせられました。

〈そんなに情報集めてどうするの〉

情報を自分の中に取り入れすぎて、頭の中にはなにも残らないこともあります。メールやＬＩＮＥの返事がすぐにこないと不安になります。急ぎ足の時代に足踏みをしてしまったら、取り残されて、孤立してしまうのではないかと焦ります。

時代にしがみついても、頭は空っぽで情報はどこへ行ってしまうのか。群れからはぐれないようにがんばって、人生を終えてしまうのか。群れから離れたら、死んでしまうのか。時代から遅れても、孤独に怯えても、命は一人じゃないから完成するのだけど、それは群れるからじゃなくて、みんな弱いからなのです。

焦らなくていい。

慌てなくていい。

急がなくていい。

29 職業

進む道

将来、就く仕事はどのように決まるのだろう。自分がどのような道に進みたいのか、一度は決めなければいけない時がきます。学校を卒業する時です。どんなことを学んで、どんな道を歩んで、大人になってからどんなことをやりたいか。

友だちは、学校の先生になったり、看護師になったり、専門職と呼ばれる仕事に就いた人が多くいます。どんな道でも、自分の道をしっかりと歩いている人は、みんなカッコいい。とても尊敬しています。では、自分はどうなんだろうか。

職業選択をする時、自分の生まれ持ったものもあるけど、親の姿も大きく影響します。自分の父は、役所に勤めていました。母は、保育士でした。同じ職場で仕事を続けていると、職業がその人の一部として根づいていきます。

父は真面目すぎるくらい真面目だし、母も真面目だけどいつもあっけらかんとしています。ぴったりの仕事に就いたと感じます。また、夫婦というのはよくできていると思います。似ていないところも多いけど、なぜかちゃんとつながっています。

まわりの人たちが進む道を見つけて勉強を始めると、自分もなにか始めなければいけないと焦ります。まわりの人たちに良くも悪くも影響を受けます。自分は自分だから、気にしなくてもいいのですが、やっぱり気になってしまうのですよね。一人でいると、そういう焦りもないけど、怠けてしまうこともあるから注意が必要です。

学校にいると、同級生たちからたくさん刺激を受けます。この刺激が未来を決めるきっかけになることもあります。その波に乗れない人たちは、どうなるのだろう。一人で決められる人もいるけど、自分はなかなか決めることができませんでした。

17歳　高校二年の時、クラスの中でトラブルがあったのを覚えている？

未来　覚えているよ。運動会のころでしょ？

17歳　そう。運動会の打ち上げを家でしたんだよね。でも、クラス全員に声をかけなかった。それに不満を持った人がいて、もめた。級長だったから、謝った。

未来　みんな仲良くとはいかないもんだけど、三年になってからも険悪な雰囲気を続けてほしくなかった。

17歳　そんな順調には、いかなかったけどね。

未来　元々、気を使うタイプだもんね。授業中に自分から手を上げるタイプじゃないけど、クラスの級長とか、部活の部長をやることが多かったよね。

17歳　強いリーダーシップは取れないけど、先生から指名されることが多かった。

未来　その時に成功体験があまりあったわけではないと思うけど、そういう役割が、今でも根づいている気がするよ。

17歳　そうなんだ。でもさ、自分が学校に行けなくなってから、副級長だった子がリーダーシップを発揮してくれて、自分は元々不要だったんじゃないのかと思う。

未来　そんなことはないはずだよ。副級長だって、努力したんだと思う。

17歳　役割がなくなった今、学校に戻りづらくてしょうがない。

未来　ずっと、学校に戻りたかったんだもんね。

17歳　粘っているけど、どうしようもできなそう。

未来　でもそれで、精神科を受診するようになるんだよね。さみしくて、病院の公衆電話から友だちに電話していたよね。

17歳　迷惑だったと思う。

未来　それは、否定しない。頭の中が整理できていなかったから、電話を受けているほうもどう答えていいのかわからなかったかもしれない。

17歳　でも、そうすることでしか生きることができなかった。

未来　自分が考えるほど、他の人は自分のことを見ていないし、同じように、みんな自分のことで精一杯なんだよ。みんなそんなに気にしていないし、多分忘れているよ。

社会とつながる手段

仕事の内容に違いがあっても、親と同じ職業を選んだ人もいます。家業（自営の職業）を継ぐ人もいます。その家に生まれてきたことで、就く仕事に影響を受ける部分もあります。もちろん、親とは全然違う仕事に就く人もいます。他にやりたいことができて、そちらを選ぶこともあるし、さまざまです。

必然として、職業が与えられると感じることがあります。自分で選んだ仕事だと思っても、実はすでに決まっているのかもしれません。

もしかしたら人生って、最初からすべて決まっているのかもしれません。誰と出会って、どんな仕事に就いて、どんな最期を迎えるのか。意思の力も大切だけど、偶然の出来事が多いのが人生です。

働くことがすべてではないにしても、働くことで、お金以外に自分の存在を社会の中で確かめられます。それぞれの人に、得意なことや苦手なことはあります。みんなが得意分野を職業として選んでいるわけではありません。どんな形であっても、働くことは社会とつながる手段であって、自分を証明する一つの方法です。それが自分の役割になります。

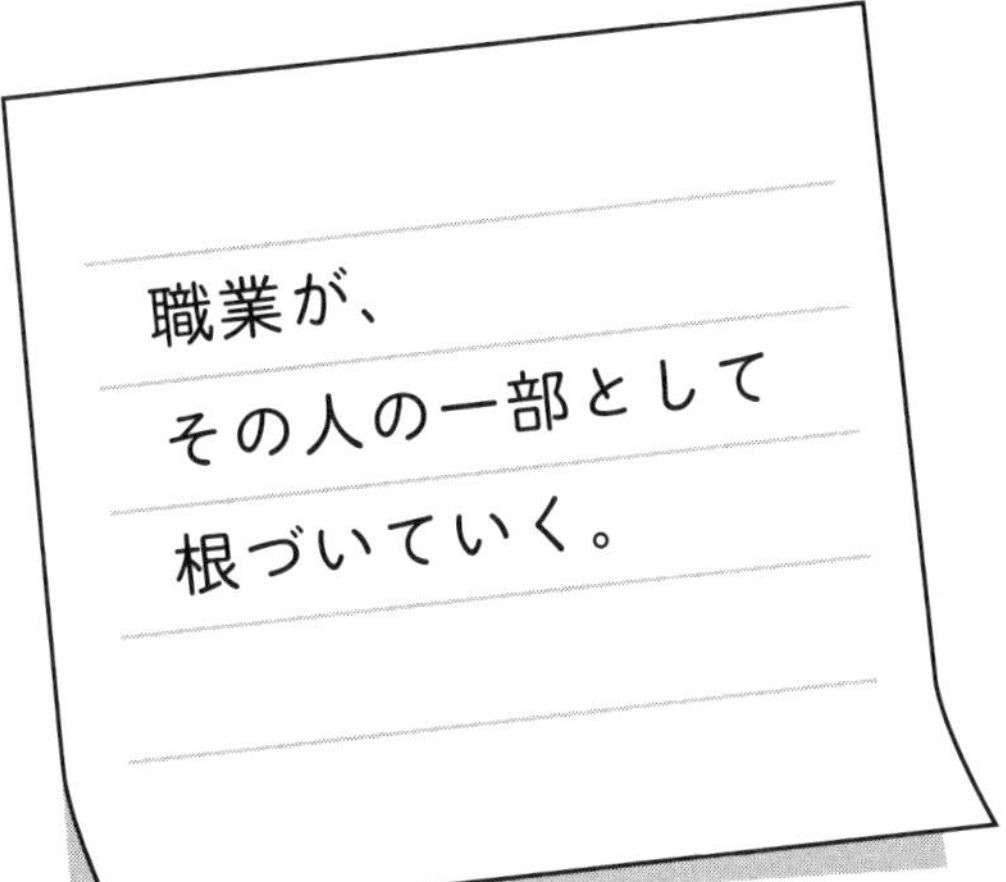
職業が、
その人の一部として
根づいていく。

30 決断

人生

人は生きている間に、何回決断をするのだろう。今日はなにを食べようか、どこに行こうか、どんな道を歩こうか。なにも決まらない話し合いもあるけれど、最後にはやっぱり決めなければいけません。

そういう時、人間同士はうまくできていると思います。学校の同じ教室にいる人でも、それぞれが違うけれど、誰かがうまくリードして決まります。決断するのが早い人もいれば、遅い人もいるし、決めたくない人もいます。決めるって責任もあるし、誰かに結果を責められるのも怖いのです。だけど、誰かが手を上げて意見を出して、決断する流れをつくらなければいけません。自然とそれぞれの役割が決まり、うまくまとまるようになります。担任の先生がうまく導いていることもあります。

みんなでどこかに遊びに行く時は、声をかける人もいれば、必要なものを準備する人もいるし、なんとなくそこにいる人もいます。みんな必要な人たちです。誰かが欠けると、どうもしっくりきません。お互いに多少の不満があるかもしれないけど、結局遊びに行けなかったということにはならないのです。自然に集団の中で役割が決まってきます。

家族も同じです。今はそれぞれの生活があるから、一緒にいる時間が少ないけど、子どものころは一緒に遠くへ出かけたり、ご飯を食べたりしていました。どこに行くか決める人がいて、どの店に入るか決める人がいました。

たとえば、入る店は親が決めて、なにを食べるのかはそれぞれが決めて、注文するのは自分が担当していました。誰かに命令されたわけではないけど、自然とそのような流れができていました。

最近、みんなで久しぶりに会った時も同じでした。この関係はずっと変わらないのかもしれません。

17歳　正しい選択って、あるのかな？

未来　正しいと思っても間違うことはあるし、間違いだと思っても、そこに真実があることもある。どんな道を歩んだとしても、どう捉えていくかは自由だから。

17歳　だけど、失敗したら人生終わりじゃないの？

未来　ゲームじゃないんだから、失敗しても人生は終わらない。そこから新しい人生が始まる。

17歳　失敗にこだわっている自分がいるのは、なぜなんだろう。

未来　失敗したらカッコ悪いし、恥ずかしいと思っているんでしょ？

17歳　うん。

未来　失敗しない方法は、なにもしないことだよね?、動けば、失敗はついてくる。恥もたくさんかく。でも、そこから学べることは多い。失敗を恐れていたら、成長はできないよ。

17歳　うるさいなぁ。わかっているよ。

未来　わかっていないから、言っているんじゃないか。

17歳　こんな大人にはなりたくない……。

未来　イヤでもなるんだよ（笑）。

17歳　こんなに自分のことをよく知っている人と話す機会はない。

未来　どんなにわかったつもりになっても、君が今感じていることは、正直わからない。失敗と言えば、部活でゴタゴタがあって、試合に出してもらえなかったことがあったよね。

17歳　あった。高校一年の時。理不尽だった。

未来　まぁ、理不尽ということばの意味を理解したという意味では良かったけど、腑に落ちなかったよね。

17歳　いろいろなものが積み重なって、一気に崩れ落ちた。拾い集める力が出なくて、学校に行けなくなった。そのあと、高校はどうしたの？

未来　高校は辞めた。生活を立て直すことが先だったからね。これでダメなら諦めると決めて四校目にもう一度だけ挑戦した。インターネットを活用した高校に入ったんだ。

17歳　それで卒業できたんだよね？

未来　四校目でやっとね。

悲しみと共に新しい未来へ

子どもは、食べたいものが心の中にあります。大人は、財布の中身と相談しながらお店を決めます。子どもの喜ぶ顔が見たいのもあります。でも、子どもの好みに合わないこともあります。子どもが覚えている風景は、うれしかったものだけではなくて、イヤだった思い出だったりもします。食べすぎて具合が悪くなり、大好きだったものが大嫌いになることもあります。

子どもは、失敗から少しずつ学習をして大人になっていきますが、大人になると失敗することを怖がってしまいます。失敗しないような道を選んでしまいます。これも決断です。背負うものがあれば、失敗した場合のことも考えるから、慎重になるのです。

人は、死ぬまでの間に何回決断をするのだろう。決断は、一人だけでは完結できません。自分で決めたとしても、自分で決めたことではなくても、自分以外の人たちがいつもその中にはいます。無駄なものは人生という地図には存在しません。もし、地図の一部が欠けてしまうことがあっても、違う形の新しいものができあがっていきます。悲しみと共に、新しい未来があります。人間は欠けることで、たくましくなっていくのです。

失敗してから、
新しい人生が
始まる。

あとがき　17歳の地図

この本をつくりたいと思ったのは、知人の中学三年の子に、エールを送りたいと考えたからでした。14歳ではなく17歳をテーマにしたのは、この時期と向き合うことで14歳という存在もはっきりしてくるからです。

自分が14歳の時、はっきりとした意思がありませんでした。なるべく波風立てずに仲間はずれにならないようにしていました。そんなことばかり考えていたので、自分が本当はなにを思い、なにを感じていたのかよくわかりませんでした。だから、この時期のことを思い返しても、そこから伝えられるものはあまりないように感じたのです。

17歳になると、いろいろなことが考えられるようになりました。目の前の現実がはっきり見えてきました。今まで見えなかったものが見えてきて、14歳とは違う悩みが生まれました。それは、出口の見えない薄暗いものばかりでした。光を求めて、大人に相談することはあっても、的確なアドバイスをしてくれる人はほとんどいませんでした。二十年の月日がたっても忘れることがないというのは、それだけ大人が子どもに与える影響は大きいということです。

17歳の自分と対話をしていると、当時はほとんどの大人を信用していなかったことがわかります。正直なところ、今でも大人という存在は信用していない部分があります。

子どもだって、相談する相手を選びたいと思っているはずです。この人なら話してもいいけど、この人には話したくないということがあります。たとえば、自分でいろいろと考えている最中に「それはダメ、これがイイ」と決めつけられたら、反発したくなるのも当然です。子どもは子どもなりにちゃんと考えています。「大人だから」というだけで、子どもたちの大切な時間を奪われるのはすごく悲しいことです。

これは、大人になった自分自身にも言えることです。何気なく発したことばが子どもを苦しめているかもしれません。どんなに気をつけていても、ついつい余計なことを言ってしまっていることは本の中でもあきらかです。過去の自分に対してもこんな調子ですから、他の人であれば、なおさらそういうことは多くなると思います。

それでも、17歳という地図を広げてみると、まだ行っていない場所があったり、乗り越える方法があったりします。それを一緒に探すのが大人の役目です。大人は子どもの道しるべになることができます。

子どもたちにエールを送り、大人たちに17歳そのものを感じてもらえることを願っています。大人まであと少し。きっと大丈夫。未来は希望に満ちている。その希望は、すでに自分の内側で光っているのだから。

南雲 明彦

著者

南雲　明彦（なぐも　あきひこ）

1984年生まれ。新潟県湯沢町出身。
明蓬館高等学校、共育コーディネーターとして所属。
相談支援センターみなみうおぬま、非常勤相談員。
株式会社システムブレーンの講師として全国各地で講演をしている。

17歳のころより不登校、ひきこもり、精神科病院への入院などを経験する。
21歳の時にＬＤ（学習障害）のひとつ、ディスレクシア（読み書き障害）であることがわかる。

著書
『LDは僕のID　字が読めないことで見えてくる風景』（中央法規出版・2012年）
編著書
『治ってますか？発達障害』（花風社・2015年）
『庭に小さなカフェをつくったら、みんなの居場所になった。』（みやの森カフェ著／ぶどう社・2019年）
共著
『私たち、発達障害と生きてます』（ぶどう社・2008年）
モデルとなった本
『僕は、字が読めない。読字障害（ディスレクシア）と戦いつづけた南雲明彦の24年』（小菅宏著／集英社インターナショナル・2009年）

この自分で、どう生きるか。
不登校の自分×大人の自分

著　者　　南雲　明彦

初版印刷　2021年6月1日

発行所　ぶどう社
編 集／市毛さやか
〒154-0011　東京都世田谷区上馬2-26-6-203
TEL 03（5779）3844　FAX 03（3414）3911
ホームページ　http://www.budousha.co.jp

印刷・製本／モリモト印刷　用紙／中庄

ぶどう社の関連書

庭に小さなカフェをつくったら、みんなの居場所になった。

［つなげる×つながる　ごちゃまぜカフェ］

● 南雲明彦編著・みやの森カフェ著　本体1600円＋税

福祉でもない、支援でもない新しい形の居場所。
誰もが帰るころには笑顔がこぼれるカフェの秘密を探ります。

障害者のリアル×東大生のリアル

● 野澤和弘編著・「障害者のリアルに迫る」東大ゼミ著　本体1500円＋税

現役東大生11人が、障害者のリアルに触れ自分自身のリアルに迫る。
答えのない問いに向き合ったとき、彼らが感じたこととは。

発達障害の私の頭の中は忙しいけどなんだか楽しい

［自分と向かい合うことで探した私の場合の対処法］

● なずな 著・松本喜代隆 著　本体1500円＋税

高校生が伝わりづらい自分の頭の中を漫画で伝える。
担当の精神科医の先生が詳しく解説。

ADHDと自閉症スペクトラムの自分がみつけた未来

［親子でふり返った誕生から就職まで］

● 堀内拓人著・堀内祐子 著　本体1500円＋税

青年が成長する過程で思い、考え、工夫し、みつけだした未来とは。
4人の発達障害の子を育てたお母さんとその次男が綴る。

お求めは、全国書店、ネット書店で